I0566715

DISCLAIMER

The author and publisher are providing this book and its contents on an "as is" basis and make no representations or warranties of any kind with respect to this book or its contents. The author and publisher disclaim all such representations and warranties, including but not limited to warranties of merchantability. In addition, the author and publisher do not represent or warrant that the information accessible via this book is accurate, complete, or current.

Except as specifically stated in this book, neither the author nor publisher, nor any authors, contributors, or other representatives will be liable for damages arising out of or in connection with the use of this book. This is a comprehensive limitation of liability that applies to all damages of any kind, including (without limitation) compensatory; direct, indirect, or consequential damages; loss of data, income, or profit; loss of or damage to property; and claims of third parties.

This Book Offers Free Bonus Puzzles

Available Here:

BestActivityBooks.com/WSBONUS20

5 TIPS TO START!

1) HOW TO SOLVE

The Puzzles are in a Classic Format:

- Words are hidden without breaks (no spaces, dashes, ...)
- Orientation: Forward & Backward, Up & Down or in Diagonal (can be in both directions)
- Words can overlap or cross each other

2) LEVEL UP THE GAME!

A space is provided next to each word to write new ones, translations or notes. We also offer a convenient **NOTEBOOK** at the end of this edition. It can help you organize your annotations, new words and/or observations.

3) TAG YOUR WORDS

Have you tried using a tag system? For example, you could mark the words which have been difficult to find with a cross, the ones you loved with a star, new words with a triangle, rare words with a diamond and so on...

4) EASY TO CUT!

The Puzzles come with an Extra Large margin to easily cut the page out of the book. Some people may feel it more convenient to solve them this way.

5) FINISHED?

Go to the bonus section: **MONSTER CHALLENGE** to find a free game offered at the end of this edition!

Want **more fun** and activities to **relax? It's Fast and Simple!** An entire Game Book Collection **just one click away!**

Find your next challenge at:

BestActivityBooks.com/MyNextWordSearch

Ready, Set... Go!

Did you know there are around 7,000 different languages in the world? Words are precious.

We love languages and have been working hard to make the highest quality books for you. Our ingredients?

One part easy-to-read print, three parts entertainment, then we add some challenging words and a pinch of rare ones. We brew them with care to serve you lots of fun and an opportunity to solve the best puzzles.

Your feedback is essential. You can be an active participant in the success of this book by leaving us a review. Tell us what you liked most in this edition!

Here is a short link which will take you to your Amazon orders review page.

BestBooksActivity.com/Review50

Thanks for your fidelity and enjoy the Game!

Delta Classics Team

Puzzle 1

```
E N E N O F H N D U B B Z L Q
S E K B F M A Y U G A P J A T
T D R H K W S R D N L G Y M Y
B S K W G P A T W D A W L P D
I B P A N A T A R E T T O A Z
L Q E O I R E Q A V W D G R R
G M D D R E W O H S Z W A A W
L D Y A P D S N A I L F B V P
O K F D S B W P A R S L E Y S
W M H I Q V P O G K C L F V U
T A T L U M P U N G P U E A L
S D C A Q U H X U S U K V N A
V T D K T L K H D L S A E F T
D I S K A R T E N G H B R X B
```

BAGO
FEVER
SNAIL
TATLUMPUNG
PAG-UYAM
SULAT
GLOW
LAMPARA
OTTER
PUSH

PARSLEY
LUKAB
BALAT
TRY
KALIDAD
VAN
SPRING
SNOWDROPS
SHOWER
DISKARTENG

Puzzle 2

```
M A Y O C Y Q L I G T A S Z I
T A G M O T E L B O B P C J P
B K O V J Y L Q D N H Y Z R A
R M A D L A P P R O U D O Z L
A B I L P E B M W A I X E G I
N O P N I H D P B S V H O G W
C B L A I M K A A L A M A N A
H O U S C I U N A S I R A I N
Z F M A A W S T D K I P R T A
I K I W K L B I A A M T K A G
N A H A S U R A P N A C A D F
I G Y B K A L A K A L A N A E
S E S A G A L G A T M N L P S
D S D M P A G G A M O T J O U
```

PALDA
INIISIP
IPALIWANAG
NASIRA
LIGTAS
BOBO
PAGGAMOT
TAG-MOTEL
TAGLAGAS
KALAKALAN

DATING
KALIMUTAN
MAYO
BRANCH
PLUM
MABAWASAN
PARUSAHAN
PROUD
KAALAMAN
ITAAS

Puzzle 3

```
C H W W F M A K I L A L A U I
L T S O R F A M I N G M V S B
F R A X E N A L P P R C K A I
R O A Q E G G R O U N D Y P N
M N T M Z Q E V O G L J O A U
U A Y I E F I N T O P I C N H
B K S X F Q I I T D C K F I O
X U E A E O L R H L O C K W S
T U B E S M H E E M E E K I E
B A N G M A R K T F I M B L N
E M E N R M Y R M C L N A A N
T U M U G O N A O H S Y B N J
D A Y U H A N M N C W X H G V
X W U Y S V L V M G J C D K Q
```

BANG	TUMUGON
AMING	GENTLEMAN
MARKER	GROUND
ALIWIN	TUBE
TAAS	FREEZE
MASASAYANG	USAPAN
DAYUHAN	FIREFLY
MAKILALA	TOPIC
NORTH	FROST
IBINUHOS	PLANE

Puzzle 4

```
S K X A O F M A X S U M T S A
H H C M V L I A Q O H R P O S
A P A P A L A G U I N E W A N
B A L D I U Q S A G M B E P O
A G P C O I J J G N J J S T M
N S U A C W L A W N A S A W A
G A T K L M A S A K I T M P B
N S R U J I E C O I N H A U I
I A I M S Y G R Q F L W G S G
D N C U H B E I E L B V S O A
I A K T E K N O D M Z H I T S
R Y K X L O L D E N O D K L T
V F O E F N H Y W U K A A A E
B E X H K C V V S F M N P I Z
```

TRICK
SWEDE
LAWN-ASAWA
BIGAS
HABANG
SHELF
SHEET
MAGSIKAP
MASAKIT
COIN

PUSO
SHADOW
SQUID
PALAGUIN
PAGSASANAY
ASNO
PALIGID
RIDING
SOAP
TUMUKA

Puzzle 5

```
I  Z  D  M  I  H  H  U  R  A  D  O  B  N  D
R  A  O  T  J  S  K  A  H  I  T  T  Z  F  I
O  Z  C  I  N  N  T  P  A  G  L  A  G  O  R
N  P  O  D  A  D  E  R  E  M  O  U  S  E  E
X  X  X  O  N  A  K  W  A  M  G  F  K  J  K
Q  T  G  X  A  N  E  W  W  K  L  O  Y  V  S
G  A  Y  A  H  A  N  R  K  T  T  L  K  U  Y
N  H  B  R  A  P  J  A  E  N  D  U  W  T  O
A  A  I  E  L  P  A  P  C  J  G  K  R  W  N
L  R  G  P  A  D  R  B  S  Y  C  I  G  A  X
I  I  L  O  L  G  Q  U  A  Q  N  T  H  O  Y
B  N  A  L  A  J  J  M  T  B  S  R  F  U  I
S  A  N  Y  A  C  G  B  A  A  A  A  M  D  E
F  A  G  O  P  A  S  D  B  V  S  E  N  M  U
```

PAALALAHANAN	REPOLYO
ARTIKULO	ISTRAKTURA
MOUSE	END
GAYAHAN	BILANG
DIREKSYON	HURADO
EDAD	WRAP
IRON	BATAS
PABABA	PAGLAGO
BIGLANG	HARINA
KAHIT	PRUTAS

Puzzle 6

```
A N A G L A L A M A N V P N I
H C V E B A L I T A T Q I D O
R H C D E T A L Y E C F N A M
N I F O E L D L V T Z E I I A
J G A G U W Q I R Q W K L S T
W H G I B N I L B O G A I Y A
B W W B G A T A O L F L K Z K
P A A I W A S A M J P A F F O
H Y T B I R E Z C O F N C S T
I U I A N A G U L E T G J I U
F Q L M D P I D I L L F V G B
Z R I I V V D D L Y U O M L O
Z L L E N U Z K M R N Z P O X
F D P X H G N I G A M W Q G R
```

FLOAT
BALITA
DIGEST
GOBLIN
MAGING
ACCOUNT
LILITAW
PARAAN
HIGHWAY
KALAN

NAGLALAMAN
MATAKOT
DETALYE
WIND
MABIBIGO
PINILI
POLECAT
HULING
DAISY
SIGLO

Puzzle 7

```
A S I N D A G A T B G P X S M
D R Z C U Z Y Z J G X Z J T G
K A S A M A P W F E H X Y R Z
D R F D I N A L A S L I H A D
Y W A I J R Y I N C Q L D W T
W S S E R D D A T P G G Y B B
H I G O T M I L A L I V X E K
O O N P A G B E B A K E I R I
L R E D R O S I D J P F N R D
L Z T G O N U T J Q Y I D Y D
Y M Y A F W K A N I L A E U I
K A H I L I N G A N P G X A N
N A N G I N G I B A B A W X G
P A R D O N K W S D V C Q B Q
```

WINDOW   KAHILINGAN
DINALA   HOLLY
KIDDING   KANILA
ADDRESS   DISORDER
INDEX   PARDON
PAGBE-BAKE   NANGINGIBABAW
JELLY   ILALIM
ASIN-DAGAT   DAHIL
TUNOG   STRAWBERRY
KASAMA   FIRM

Puzzle 8

```
I Q H N O Y M R E F G P H N X
N N A H A B R E S B O A T A B
R P S U K O P I J D Q B S G M
L G D I P U C L F R B P N B C
B U W R D P A G K A B U L O K
I T M O D E S N W P Q F C N E
K N M A T C N E T O D U C J H
T A L F H H E T N E M G A R F
I A C J X O X E E L C C T P U
M Y A W A A K T A U N A N G H
A D R A W E R S U M U L P O T
K I N A K A I L A N G A N G O
S U M A S A L A M I N I J Z M
B M T C A R E L E S S L Y T H
```

BATA
LEOPARD
KINAKAILANGANG
MOTH
DRAWER
BIKTIMA
POKUS
FRAGMENT
TAUNANG
GAS

SUMULPOT
LUMAHOK
OBSERBAHAN
CARELESS
PAGKABULOK
INSIDENTE
KAAWAY
SUMASALAMIN
CUPID
FLAT

Puzzle 9

```
P H T I S Y G N A G G N A H P
Z I I I Q K S C P R N A S J A
H G F G D U I R W P A B O S U
R U T D F Q T I H D Y A Y R M
M A G T A T A G N J A B A L A
S T R A N G E S T G K A G C N
T V S Z R O P Y L M L L A W H
P H A R T N E P R E D I P S I
F O A B D U N L I Y F S I A N
Y L L N E N N G U S T A K K P
G E P I K I I F C A Y U A A L
A A W D C S E C R E A M M W K
N E C S K E S P O R T A B L E
D H U F O P A N G A K O B B E
```

SINUNOG
SPIDER
PORTABLE
KAYANG
POLICE
NABABALISA
CREAM
NAIS
ART
PAUMANHIN

HANGGANG
GUST
WAKAS
PANGAKO
THANKS
SKIING
PENNIES
MAGTATAG
MAKIPAG-AYOS
STRANGEST

Puzzle 10

```
X B C M K N O G U P K G X G J
R E G N I K A L A K A P A N Y
Y Q N B R R E T S M A H A A E
D Z A A V O I D A J Q I K S S
L E M P M P S X X G R F T B G
M L A U W O E O I J P Z O R B
H B T L J X Y M D X F U R L A
P A N A N A L I K S I K A L L
A L H T F E C E O I Q W R N A
M I I G A H O L S C M N J Q K
P A I N T S U E M P L O Y E E
E V I A B G R P A G H I L I G
L A G H N S S L I T S U G A S
N M L Q Y G E L T I T H A I R
```

HAMSTER	EMPLOYEE
PUGON	PANANALIKSIK
PAGHILIG	BALAK
TITLE	AMOY
AKTOR	YES
COURSE	PAINTS
VOID	LUPA
AVAILABLE	TAMANG
NATAGPUAN	LITSUGAS
ANG	NAPAKALAKING

Puzzle 11

```
M  S  A  K  U  B  J  S  Y  W  G  W  P  K  K
A  I  I  E  E  K  Z  Q  U  P  V  P  V  R  W
K  G  G  R  V  J  N  O  Y  S  R  E  B  O  A
U  A  S  A  X  P  B  M  P  I  U  H  P  K  R
K  W  Q  A  N  I  H  O  K  O  L  N  D  U  T
U  M  P  L  X  D  K  J  V  J  N  B  D  S  O
L  D  X  A  U  R  E  F  S  N  A  R  T  I  E
A  I  H  W  H  L  E  R  D  A  L  H  I  N  N
Y  S  Y  A  O  F  L  Y  P  A  U  S  E  Q  F
S  Y  D  N  I  T  O  G  U  D  R  Z  W  T  X
K  E  R  O  I  S  M  I  L  A  T  A  M  O  B
Y  R  K  S  F  Z  F  I  D  Q  X  P  N  P  I
P  T  O  A  D  I  Y  L  L  A  J  Y  Y  N  B
M  O  C  J  J  N  I  H  O  B  R  O  T  S  I
```

RADIO	LEEK
GANDER	ISTORBOHIN
PAUSE	KROKUS
DUGO	BUKAS
BERSYON	MAKUKULAY
NAWALA	LOKOHIN
SUSUNDIN	SIGAW
DALHIN	KWARTO
NITO	DISYERTO
MATALIM	TRANSFER

Puzzle 12

```
P T E S V S M P D M G E H N W
A U U F U J A O O A S U H E O
R M V U B F S S G Y D Z S Y M
E A P D C C U I A I G H P C A
S L E U X E W T P H C Y O G T
U O N H Z T E I E O W K E M U
H N A R G N R B C L E C X E T
P O L I T E T O Y O S I F C O
K E U E Z D E N X N D T I E C
B G G H S I L G W K G I A P I
B U A D A S L A K E X I O Y O
L H P L V E A H Z T S C A R F
J Z J T Y R G I N A M I T Z R
K A K A Y A H A N T A L A T A
```

STAY	TUMALON
SCARF	EXCEL
KAKAYAHAN	POLITE
MATUTO	TALATA
PARES	MASUWERTE
PAG-ULAN	DAD
RESIDENTE	GINAMIT
KALSADA	USA
POSITIBONG	HEAR
TEKNOLOHIYA	PAGOD

Puzzle 13

```
P  I  L  A  D  A  M  A  M  G  A  N  U  K  V
E  I  F  C  B  I  A  N  A  H  D  A  T  A  M
K  M  Z  T  S  L  R  S  Y  S  R  U  C  N  D
R  A  L  Z  R  P  A  W  O  O  D  Q  E  A  I
A  O  D  S  A  O  M  Y  G  S  U  M  L  I  N
P  F  O  A  X  S  I  F  G  B  J  C  L  S  N
A  S  B  S  H  T  N  J  N  N  J  F  G  N  E
N  T  I  I  T  I  G  S  U  D  K  Y  N  A  R
A  O  M  L  X  E  L  Z  Q  U  V  H  S  I  R
N  O  S  W  F  K  R  A  N  U  L  E  O  S  X
I  L  Z  E  S  Y  H  G  N  A  B  A  H  A  M
G  N  A  R  U  M  C  Z  J  A  N  E  J  K  Z
Q  A  T  C  F  N  H  X  P  G  N  O  V  J  S
U  S  I  N  A  U  N  A  N  G  N  Z  W  E  T
```

MARAMING
KANAIS-NAIS
DINNER
PARK
TADHANA
MAHABANG
MURANG
GINANAP
CELL
POST

SINAUNANG
UNGGOY
SUM
NAGMAMADALI
LUNAR
WOOD
KADAHILANAN
ROOSTER
PIZZA
STOOL

Puzzle 14

```
A  R  C  T  I  C  F  B  S  S  A  A  T  A  M
M  F  S  B  Z  L  A  L  B  W  R  I  T  C  F
P  A  G  N  A  N  A  I  S  V  M  V  V  P  G
X  Q  B  X  E  L  N  O  I  T  C  I  F  A  H
B  B  A  L  U  K  I  L  E  P  H  B  S  Y  O
G  X  N  O  R  P  A  Y  T  J  A  U  I  O  S
N  I  G  N  A  L  N  I  L  X  I  H  F  M  T
S  R  K  O  H  U  B  R  O  V  R  O  K  A  I
Q  N  A  T  A  G  N  U  L  A  S  L  A  K  I
K  U  R  T  I  N  A  C  M  W  Q  P  N  I  D
V  J  Q  K  R  D  O  D  R  O  A  E  D  N  Q
J  T  N  B  A  L  L  C  S  E  R  O  I  T  L
N  K  O  D  G  A  O  A  P  S  S  P  L  A  L
K  O  M  E  N  T  A  R  Y  O  M  S  A  B  O
```

BALL	MAKINTAB
FICTION	APRON
LINLANGIN	PAGNANAIS
KOMENTARYO	BUHOL
KANDILA	BUHOK
PAYO	BANGKA
KURTINA	ARMCHAIR
GHOST	ARCTIC
CRESS	MATAAS
PELIKULA	SALUNGATAN

Puzzle 15

```
P S G U H O B J O G G K G C Q
R A K B S K P G E Y E K R U T
O N U U J A R A F A R D T F L
B G L H C S P B O L L A H M M
L G T A U W R E P A P D N K E
E O U Y C Y O E Y W E I A E L
M L R N B J M T E I A B G V S
A H A N I H A L I H N A N I E
A C R I J L F E J I U R A P E
C A T C H H O O F V N G M I W
P U M A D Y A K U L O W A N Y
P R O T E K T A H A N O L T M
A H Z Y E Y W H A L H L A A A
B U M I L I I M S E B U K Q T
```

PAPER	TURKEY
IHIWALAY	PROTEKTAHAN
IPINTA	HILAHIN
SANGGOL	HALL
PROBLEMA	BUHAY
BUMILI	KULTURA
BEETLE	GRABIDAD
SENARYO	CATCH
PUMADYAK	USAP
KALAMANGAN	HOOF

Puzzle 16

```
I Q M I Y E R K U L E S G X F
I R L I L A C O Y A P Y G L E
P B R L G N I T N U I T N U M
A E U E J P C Z I T V B I E A
T T N H G T T I M R E P M M L
T Y Z M O U N D V I Y S A I E
E U M X T S L J T V C C D S T
R U A A Y S N A T S I D A Y A
N I L O S Z Y R R E H C M O R
I P A G P A L I B A N A O N G
J F I U I C X K A L A H O K I
J V K R P E D D T T N D S T M
T A A D S Q H P G J X G B T Q
C A P B O T K P H E B X P X E
```

VIRTUAL
DISTANSYA
IBUHOS
FEMALE
DRUG
UNTI-UNTING
MIYERKULES
PATTERN
PERMIT
MISYON

LILAC
CHERRY
CAP
KALAHOK
PAY
IPAGPALIBAN
PAKIALAM
MADAMING
MIGRATE
IRREGULAR

Puzzle 17

```
K U L T U R A N G F J H B R F
M Q T C R J T G E Z L O A C G
B A L I D N A B P B A U T M V
A M I Q S P M A T S K R I A B
M S W K P N I T U L U K I R N
A M E A L O A W I T E R N K S
G A M R J I Q Q G P I Q I A P
B L C A O T N M C E W B J I G
U U Y S J C E G B I N T I M N
N T Y T O E N A P A N O O D A
T A V U Z N S T Z U P W N D D
I S E K A N T U J V W Q T Y N
S L X J K O N A K I R E M A A
M W J R Y C N A H U L O G F G
```

BANDILA   NAHULOG
GANDANG   CONNECTION
MAIKLING   ASERO
MALUTAS   SURIIN
BINTI   STAMP
AMERIKANO   KUTSARA
NAPANOOD   MARKA
KULUTIN   AWIT
KULTURANG   MAGBUNTIS
BATIIN   HOUR

Puzzle 18

```
E  Q  M  W  F  F  X  G  M  D  T  C  X  H  F
T  M  A  U  L  A  P  U  T  O  V  U  V  R  H
H  V  E  H  R  B  G  M  H  H  O  Q  G  W  M
E  S  A  E  L  E  R  U  A  I  L  S  Q  M  Y
A  B  M  S  O  T  R  H  N  E  U  Y  E  A  A
T  N  E  C  O  I  F  I  K  S  M  E  N  M  G
E  A  P  N  P  S  Q  T  F  T  I  V  I  B  A
R  N  K  W  E  C  T  P  U  U  W  G  H  I  L
I  A  P  D  S  P  R  Z  L  K  A  A  C  S  A
F  M  X  X  N  N  I  K  L  A  N  B  A  Y  P
X  A  J  V  A  S  X  S  Y  D  A  I  M  O  I
H  Y  A  S  U  K  A  L  Y  A  G  R  K  N  F
P  A  I  N  F  U  L  L  Y  O  J  D  Q  R  C
R  K  A  M  A  N  G  H  I  M  A  S  O  K  T
```

MOOSE
KAYAMANAN
GABI
MAULAP
THANKFULLY
THEATER
LUMIWANAG
TUGMA
RELEASE
AMBISYON

MACHINE
GUMUHIT
PAINFULLY
IPALAGAY
POOL
BENEPISYO
MANGHIMASOK
ASUKAL
ESTUKADA
SITE

Puzzle 19

```
K  C  O  R  Y  U  G  T  O  Z  F  S  F  N  G
S  A  H  A  R  E  L  A  S  Y  O  N  R  A  W
M  F  B  Y  E  X  V  I  B  Z  Q  Y  E  R  R
A  R  Y  A  G  F  A  L  E  H  E  B  E  I  B
G  B  K  L  N  R  K  L  P  Z  D  Q  S  N  M
P  S  Z  I  O  A  Q  O  P  I  E  X  I  I  I
A  U  F  B  B  A  T  S  O  G  R  D  A  G  C
K  U  X  D  I  G  N  A  L  A  G  A  T  A  M
A  I  M  A  T  F  V  R  N  H  R  P  S  B  R
B  E  V  V  K  N  M  I  V  G  R  U  O  O  G
I  L  U  M  A  Q  P  M  A  B  B  T  L  X  F
G  I  T  L  O  G  G  C  H  P  U  A  Z  A  H
N  A  U  U  N  A  W  A  A  N  M  N  N  C  M
S  I  N  G  K  A  M  A  S  N  P  G  X  R  R
```

NARINIG
ITLOG
RELASYON
FREESIA
NAUUNAWAAN
MULI
MIRASOL
MAGPAKABIG
PIRASO
NATUPAD

ROCK
AKTIBONG
LAY
MATAGALANG
AHAS
RED
ULAM
SINGKAMAS
YUGTO
KABANATANG

Puzzle 20

```
J  W  B  F  B  Z  X  W  C  P  P  S  R  H  E
G  U  I  B  O  X  T  G  P  A  I  I  O  S  W
T  Q  I  G  Z  G  O  J  A  G  N  D  K  U  Y
Q  S  U  C  G  V  Y  C  N  G  A  E  A  M  E
R  L  B  A  E  L  N  O  G  A  K  I  Y  A  N
C  O  I  E  V  O  E  N  A  M  A  U  L  N  G
T  R  G  I  Y  G  S  T  N  I  M  O  P  G  L
P  E  A  R  W  Q  I  A  G  T  A  T  I  G  I
U  Y  X  X  Z  A  D  C  A  L  S  N  T  U  S
T  I  W  A  L  A  S  T  S  Z  A  A  L  N  H
P  A  R  R  O  T  G  A  O  U  Y  R  U  I  S
S  A  A  N  M  A  N  G  N  K  A  R  M  G  C
A  L  F  G  D  X  T  O  K  G  N  U  L  A  M
M  A  I  L  Z  A  O  P  L  I  G  C  Z  X  I
```

MAIL	PEAR
OKAY	MULTIPLY
CONTACT	PANGANGASO
IWASAN	JUICE
SAANMAN	TIWALA
ENGLISH	SUMANGGUNI
DISENYO	SIDE
PAGGAMIT	CURRANT
MALUNGKOT	PINAKAMASAYANG
WIGGLE	PARROT

Puzzle 21

```
M T L O B E K M C A E B U L C
I R H B I L I L U Y K K I A W
L O G I G G N O T I P M N B Y
Y P N B Y N T S Q M P F A A N
A S A E A I S W V P A A M N Z
P N W G N S A A Q H D O N O U
Q A A N T N Y N G C B T A S N
R R L I B A W A H N I G L C P
C T A I D O T I D A G K I G T
X C D D I L V A N B V V A O G
P A N I N G I N S V E K K U N
P A G B A G S A K A L L E H S
A B U G A D O K W R V W L U M
N A K A K A K U H A L X Q M B
```

SWAN
BELL
PITONG
LABANOS
SINGLE
SHELL
PANINGIN
KAILANMAN
MILYA
GINHAWA

DALAWANG
BIGYAN
CLUB
AKMA
TRANSPORT
ABUGADO
PAGTATASA
PAGBAGSAK
NAKAKAKUHA
KINTSAY

Puzzle 22

```
L Y N X S P A R K L E U G C P
T W Y C B S E T T L E R S O S
T U Z X F G R F D R N Y N C I
K U L W G A W Q U W S K K K D
A B H A G I N T O U X W A T Y
P G W O T S V D H H G T U A R
M H R E D D M K P A K A Y I N
A L U P I H A N J M I T N L O
L W I N A V I I E I A O A M S
A B F P K G E V N L A Y T B S
P E P P E R R R B K D S A O E
A K A D E M I K O N G J W B L
R E N T A I R P L A N E A C A
P I N A K A M A Y A M A N G D
```

COCKTAIL	KLIMA
LESSON	SETTLERS
PINAKAMAYAMANG	ALAM
SPARKLE	WIN
REVIEW	AKADEMIKONG
AIRPLANE	ULAT
NIYAKAP	GINTO
RENT	LYNX
PEPPER	ALUPIHAN
TUHOD	NATAWA

Puzzle 23

```
T  J  S  A  K  E  P  S  Z  E  L  P  X  J  J
U  S  I  D  W  A  I  S  P  O  Y  U  O  V  L
M  P  G  H  A  E  B  S  H  A  M  P  O  O  E
I  I  N  U  D  L  A  U  C  O  X  P  K  B  M
T  N  A  L  S  Q  U  R  U  G  Y  P  U  A  P
I  K  L  A  U  N  M  B  K  A  L  Y  M  B  L
G  S  U  R  A  Y  L  F  H  P  N  O  A  A  O
S  E  C  R  E  T  A  R  Y  A  F  G  T  L  Y
L  Z  E  A  V  Z  K  C  K  K  S  T  O  A  M
Z  M  L  X  N  O  I  S  I  V  P  A  K  Y  W
B  A  V  J  M  V  D  Q  H  O  V  F  Y  G  R
J  J  O  D  V  G  E  A  N  E  M  O  N  E  C
B  A  T  H  G  P  M  P  A  R  T  N  E  R  U
F  Y  T  H  E  R  M  O  M  E  T  E  R  D  Z
```

MEDIKAL	TUMITIG
BATH	VISION
HULA	KAPAG
PARTNER	WEAR
KUMATOK	SIGNAL
THERMOMETER	KABUUANG
SURAY	EMPLOY
BABALA	SECRETARY
DALUBHASA	SHAMPOO
PINK	ANEMONE

Puzzle 24

```
K N Z K H O C K N K F S F A M
S U I O N I A K A M U K O T J
A L M N Y K C U R T O A U K S
P W O A U B R O S B A P N X A
A O T G K N L T Y G L A T K N
T R U E T A O O M C F N A T D
O D L A K I T K A R P D I U A
S N G L O V J A A R F I N T L
U X A Y Z K S O W A E K M U I
I U M K D W U D I A D I E B Z
R O C K E T U A A N N T W I T
A H G F U B O P E N E R P V A
W X B Q V M A A A S A H A N G
F U R I O U S L S A L A M A T
```

OPENER   FURIOUS
KUMAKATAWAN   ABSORB
SALAMAT   TUTUBI
TRUCK   LAPAD
KUMAKAIN   SAPATOS
PRAKTIKAL   NINUNO
NARS   FOUNTAIN
ROCKET   MAAASAHANG
PANDIKIT   SANDALI
MAGLUTO   JOIN

Puzzle 25

```
P  L  D  R  P  Y  U  W  F  D  B  T  V  W  Q
U  I  L  K  I  A  P  A  P  G  A  P  E  W  O
L  M  I  A  V  L  H  C  J  M  N  X  T  K  L
G  N  Q  W  P  U  T  I  L  A  G  G  I  I  O
A  C  O  U  I  K  M  R  N  D  R  O  N  N  R
D  Z  K  T  N  Q  C  T  B  A  C  H  I  G  T
A  K  D  Y  E  G  L  C  J  P  N  E  T  R  N
P  A  H  I  N  G  A  E  T  I  W  G  I  E  O
C  Y  D  S  P  V  B  L  P  L  O  D  Y  D  C
F  A  X  X  Y  W  T  E  U  I  T  E  A  I  E
C  H  A  R  A  C  T  E  R  M  E  H  K  E  B
V  B  J  I  H  F  F  T  E  U  M  S  N  N  F
U  O  T  S  D  J  J  A  P  L  O  Y  D  T  L
Y  N  X  M  N  L  L  L  Z  N  H  Q  R  F  H
```

PAHINANG
TINITIYAK
PAHINGA
GALIT
HOMETOWN
TEKO
PAGPAPAIKLI
ELECTRIC
CONTROL
INGREDIENT

LUMILIPAD
LATE
KULAY
NOTE
SIR
PULGADA
ERUPT
CHARACTER
HEDGEHOG
UWAK

Puzzle 26

```
A Z M W B J D R I M C E E U Z
E K A C G B U V L O C V U V L
G N O P U R G N A A R A K A N
P C G F M I T T E N S E U P Y
K C C R Z B W I M E F L J I E
P I O A A I O K A Q S K E K J
J S L L P N N A R A M A T A K
B U N U W R D S R Z K Y R L I
A N Y P S E E E O D X U E G V
M D K O N A M S N O F O W A F
P I M P F A N I O G P B S M L
I N F N N L C L P A G I B I G
R K C F M S Y I T A N D A A N
A H D S B O F D A F P R U M M
```

MEAL	PAG-IBIG
POPULAR	MAGLAKIP
SWERTE	BAMPIRA
SAKIT	GRUPONG
LEAVE	MITTENS
NAKARAANG	MANOK
TANDAAN	KATAMARAN
SUNDIN	SILID
CAKE	BOARD
KILUSAN	ENGRANDENG

Puzzle 27

```
D X D T Z R H R S F G I I R W
I Y T E T A C I L P U D B E E
L I H A M U T B H S C V L S S
A M O K N O Y S I D N O K U T
W O G A W U K H H F X C A L E
Z K T V C G C R F O X X L T R
S I K S I K I S A R O F I A N
K H M J H O P X G T T W P N B
M N A K U B U S U N I S V H R
L A W O C I J R K C T K Q G U
B A B A B A L A N G I S O V H
D E S I S Y O N O M V M E N A
K A P A N G A N A K A N V W G
L Q L E X R E O L P U L I S R
```

DUPLICATE
PULIS
TUMAHI
ORAS
KAPANGANAKAN
KUWAGO
LANGIS
DEMOKRATIKONG
BABABA
RESULTA

PICK
SINUSUBUKAN
FOX
DILAW
BRUHA
SIKSIK
WESTERN
PILAK
KONDISYON
DESISYON

Puzzle 28

```
O A Z Q M W F A Q P T R E A T
U W O Y R A L U B A K O B M P
T A Q N O R F B A G U K R U L
Q Y R J Z V W G Z H M N Q R A
K R I T I K A L S I A M W A T
P A R E H O N G V H W F E L E
P A N A H U N A N I A L A H C
T H B S T Y B I Q N L O L I F
H R L Y Q W A N U T A M I T I
K V A H V N F Q Y A D D K S R
T A F T U X R J S Y X D A U E
R T N L A S A K I M U L B R M
B P Y Y M D A I N Z X T O A A
I R F I A Z O Y I O P A K W N
```

BOKABULARYO
TREAT
MAWALA
PANAHUNAN
ALIKABOK
LUMIKAS
KRITIKAL
PAGHIHINTAY
INIS
HUSAY

PAREHONG
KANYA
HITSURA
TRATADO
OUT
FIREMAN
PLATE
AWAY
MURAL
MATUNAW

Puzzle 29

```
F N T N C P T L A F L U W G B
F A I E H L T E J T O L E Q Z
V G N T J E G O W N I U S Q F
B A A W B I W N M B Q K T U G
B A T O N A G M A M A D A L I
B L A R A Y U S I N R H I N O
O A W K E T U B A K N I Y A Y
X L A V T V H A N G I B C H P
J A G U W H A M B U R G E R B
A P O Y H E R C B E S N I F F
R Q R S I Y O D J L J P D R R
I M B E S T I G A S Y O N M I
R E B A D K A L A B A N D O X
L W I Z U E E K X Z E O I Q W
```

NAGMAMADALI   NIYA
SNIFF   LEON
NETWORK   WEST
IMBESTIGASYON   LOT
RHINO   HAMBURGER
NAG-AALALA   AYUSIN
KABUTE   HANG
CAVE   APOY
BOX   TINATAWAG
KALABAN   NAKITA

Puzzle 30

```
P T W M N X H T X K P G P V P
D Y A R Y O C U N X J Y X J U
M U I D E M E L S G Y A P U B
F A C O B U Q I A Y B J S Z L
C G T Y I X A P U D E U S O I
Q G X A S E A S O N A K D A C
Q I L B P P R I B A D O N G A
Y A N A H O W E S A L K N Y T
I M Y K C B S V T P A D E R I
I T M A K A B U L U H A N G O
U P E D A G A T O D A T S E N
O X B M D F K V V L U N E S R
K A H A L U M I G M I G A N A
M A N G Y A R I N G N A B A G
```

SEASON-AKDA
PUBLICATION
MEDIUM
KAHALUMIGMIGAN
MAKABULUHANG
DYARYO
HANAY
KLASE
ITEM
TULIP

ESTADO
MATAPOS
PRIBADONG
LUNES
KABAYO
DAGAT
PADER
VOLTS
ABANG
MANGYARING

Puzzle 31

```
P  K  J  B  X  J  M  C  U  S  T  O  M  E  R
N  G  I  P  I  N  R  A  S  U  D  G  A  M  Z
V  Z  A  J  P  N  A  Y  A  N  A  S  A  K  U
D  E  T  W  E  U  W  N  O  Y  S  E  R  P  X
Y  D  M  I  K  N  W  V  Z  M  O  E  P  P  D
M  A  B  U  H  A  Y  E  H  M  L  S  R  A  R
B  M  A  Y  R  U  G  H  R  I  O  O  F  A  A
A  L  D  U  E  I  D  G  O  S  L  M  U  R  G
G  G  S  A  S  E  W  U  B  M  A  R  P  A  O
O  K  A  N  D  I  D  A  T  O  N  C  F  L  N
N  N  A  G  S  I  M  U  L  A  S  G  V  A  M
G  O  Y  U  B  U  B  V  G  A  H  V  I  N  F
Y  W  V  G  R  O  R  D  J  X  O  M  O  T  Q
S  N  A  R  E  B  K  P  L  A  P  J  J  E  I
```

DRAGON	MAY
MABUHAY	MAAYOS
PRESYON	BUBUYOG
NGIPIN	LOLO
CUSTOMER	KANDIDATO
PRAMBUWESAS	MAGDUSA
PAARALAN	KASANAYAN
NGITI	SHOP
PUWERSA	NAGSIMULA
WARM	BAGONG

Puzzle 32

```
P A G I K O T E F P C G I R W
K E T T L E D A D I B I T K A
T T A F A Y X J H S S P L T P
P A A U T O M O B I L E O R U
T A G C A P A B L E N P K E T
U D M L L A B T E K S A B T V
M S T U A P A G U U G A L I M
U I E W M M U A B K U O E R U
T F M G E U I A E A Y Q E W L
O K A W Z E H G L G E X Y W A
K C N W K K K U D A N L H U U
R B G I O U G L N T H Q C F V
A T X Z T D H T A A M O R O T
I Z K Q O K C E H C N I H K K
```

TUMUTOK	PAG-IKOT
AUTOMOBILE	AKTIBIDAD
BASKETBALL	WEEK
TAGLAMIG	TEMANG
MULA	PAMUMUHUNAN
WRITER	HANDLE
ISDA	CHECK
ISIP	KETTLE
KAGAT	PAG-UUGALI
TUPA	CAPABLE

Puzzle 33

```
I  M  Y  A  A  T  I  K  I  K  A  N  K  K  I
B  L  E  E  D  Y  I  J  A  L  G  C  A  K  T
Y  N  A  D  N  R  U  Y  R  E  N  V  S  A  A
G  W  K  I  O  L  H  S  U  M  O  U  A  L  L
T  A  X  W  K  H  O  V  I  H  K  Y  L  A  A
M  E  G  H  E  R  O  N  Z  N  I  W  A  L  G
U  F  R  U  O  V  D  D  B  A  T  N  N  A  A
R  R  V  Z  T  C  M  I  R  V  A  T  A  K  R
L  K  A  W  N  O  G  A  W  E  M  E  N  I  M
G  Z  B  L  Q  E  M  L  O  R  O  I  A  H  R
W  L  M  G  L  T  H  M  R  A  T  K  U  A  P
L  E  A  D  E  R  Q  U  I  G  W  E  V  N  G
E  H  E  K  U  T  I  B  O  E  A  Y  D  E  V
G  U  S  A  L  I  S  P  V  P  O  N  Y  X  A
```

KASALANAN   ITALAGA
AVERAGE   WAGON
GUSALI   PONY
TIYUHIN   BLEED
HERON   KEY
KALALAKIHAN   WIDE
NAKIKITA   ROW
EHEKUTIBO   TAX
GUTOM   LEADER
AYUSIN   AWTOMATIKONG

Puzzle 34

```
T F D P K S D N U O P V L J E
N R M R Q I R T M B V H L Y I
C P U P Y M P A G S U K A T F
X K A N X U L L O T R G Y O N
T G W Q K L X V Y E S R N P U
H I R E Y A L P A E J A A J B
W F M H O N L I W W R D P O U
P I P I N O P A J S M E M L O
L M S B X Z D Z S G E F U J N
B A N A N A P A P A I H K G G
N E G A T I B O N G K A B A T
S E A R C H I N G O Y G A B E
P I N A T U Y O N G O A A E S
A U D I T I O N Z D Z I R N B
```

POUNDS
SEARCHING
PIPINO
SIMULAN
TRUNK
TABAK
KUMPANYA
PLAYER
SWEETS
PINATUYONG

DRY
AUDITION
NAGKASALA
BAGYO
PAGSUKAT
POT
GRADE
BUONG
BANANA
NEGATIBONG

Puzzle 35

```
L  P  P  A  B  O  R  I  T  O  N  G  R  F  T
C  A  S  E  G  U  R  I  D  A  D  R  E  I  U
G  N  A  B  I  A  K  A  K  O  I  S  A  G  G
X  G  D  M  A  L  A  S  U  T  L  A  H  U  O
S  N  L  A  K  E  R  L  Q  K  P  P  E  R  N
L  G  A  B  P  A  K  N  H  E  I  O  L  E  O
I  A  W  N  B  A  L  Z  R  P  N  S  I  K  I
P  L  A  L  E  D  T  A  T  E  U  T  C  U  S
H  A  B  N  W  A  L  A  H  W  N  M  O  L  S
C  N  A  N  U  H  H  H  M  A  O  A  P  I  U
C  K  B  Y  C  M  B  V  Q  A  T  N  T  P  C
C  Z  G  W  R  J  A  G  Y  V  Z  I  E  L  S
N  O  A  G  N  A  Z  N  M  Z  Y  W  R  O  I
S  O  N  L  Q  M  P  W  G  J  Y  O  R  R  D
```

DISCUSSION	ANUMANG
POSTMAN	WALA
FIGURE	MALASUTLA
KULIPLOR	SEGURIDAD
PANGNGALAN	SON
TUGON	SLIP
PABORITONG	PINUNO
HELICOPTER	DAPAT
KALAHATI	KAKAIBANG
NAGBABAWAL	EPEKTO

Puzzle 36

```
I K A S A M P U N G T B E B D
H B V W Z Z I Y E T E U X J E
P V X R E K S I Z X A H E R S
P A G O M A U Q Y I C A R J P
R A N A S A W I A M H N C Z E
I Q T L O H A M U T E G I Y R
I M A O I W X Z M I R I S O A
S K A T E P P M E S X N E K D
E X I S T U U F A L A S A U O
P U L O N G O N N E U C S T J
X R M R Y J A K A S A S G A M
P A G K A N T A M N K W N M P
K A H U L U G A N A W K A P H
I Q N L W U A T E B C W G Z X
```

BUHANGIN
MEAN
MAIWASAN
TUMAHOL
TEACHER
PATO
DESPERADO
EXIST
PANLIPUNAN
EXERCISE

GOMA
KAHULUGAN
PULONG
LASA
MAGSASAKA
SKATE
IKASAMPUNG
PAKWAN
PAGKANTA
MATUKOY

Puzzle 37

```
P T W F N S P E J D L C S D G
E A U O I M A R A P A P G A P
R K Q R O V N D I V T R L I U
A O C N A T U L U T N I H A P
K T J F R E N E K P G W C K Z
X A T Z B V T M A A O U I A Z
X Q N S L L U A L G O S W T A
U Y O A Q F N C M G D D D A O
T E N T R C A J A A K G N M U
G L N X O Y N K D S S U A T R
B A G X R L O N O T Z U S A O
O D U M A T I N G O W W N M A
D E T E C T T P A S I S U A M
M E K A N I K O F L O O R N W
```

KALMADO
KANARYO
FLOOR
TENT
PAGGASTOS
MEKANIKO
PAGPAPARAMI
TAKOT
PERA
BAG

DUMATING
DETECT
KATAMTAMAN
PAHINTULUTAN
SUN
CAMEL
PANUNTUNAN
MAUSISA
PILOTO
SANDWICH

Puzzle 38

```
M M Y S E K A C P U C R U D K
O R A I N N O Y S A L U G E R
T I W O I P E C C L H E E T G
O B A D P U G L M I L A D A M
R F G Q K R W I G M T C B Y P
S I A M C P Q N Z A C I Y G E
I M G B L L Q G Z R I O Z R T
K A G L C E J Z X T D A U E E
L N N C O T T O N I R N Q P N
O I A Q N B S W O L E W L P S
C P M P L T L O L Y V I Y O A
S I V L D S S T N O B W I C C
G S U B L Z M A K U H A L X O
B E A N I M I N T E R V I E W
```

MARTILYO   MOTORSIKLO
MAIS   MADALI
BEAN   PAN
MAKUHA   PIN
COPPER   PURPLE
RAIN   INTERVIEW
REGULASYON   CITIZEN
CYCLING   COTTON
VERDICT   MANIPIS
MANGGAGAWA   CUPCAKE

Puzzle 39

```
M  J  F  P  S  I  D  Y  B  Q  G  D  I  C  G
A  U  F  N  I  U  W  H  A  L  E  Z  R  D  A
P  D  R  C  M  T  P  O  N  L  A  O  J  O  L
A  K  S  P  O  B  O  L  E  D  O  M  H  G  U
N  X  C  A  R  R  O  T  A  B  W  N  P  P  G
A  E  R  J  U  E  Y  J  G  Y  O  G  U  P  A
T  X  J  Y  T  T  L  O  R  U  B  R  Z  Q  R
I  J  G  Y  G  R  I  M  U  R  A  M  D  H  I
L  L  N  T  A  A  S  V  T  P  B  M  B  E  N
I  C  I  W  M  U  T  O  X  K  A  E  D  F  R
B  C  B  B  U  Q  U  P  N  C  L  X  U  K  E
H  O  A  Q  O  Q  K  O  K  G  N  A  M  J  Y
B  L  C  Q  U  N  A  W  A  K  A  N  O  L  D
H  E  N  H  A  O  G  O  N  U  S  G  A  M  M
```

MARUMI	PUGO
SUPLAY	CABIN
NAKAWAN	GALUGARIN
MAGTURO	BORDER
QUARTER	MAGSUNOG
KUTSILYO	MANGKOK
HEN	BUROL
CARROT	MAPANATILI
MODELO	LABABO
WHALE	LIBONG

Puzzle 40

```
M K T L A S S O M A X I M U M M
A T U P W S L C Q N K P U Y J
L S M S I S I W M I L L F W L
U X A N I H A M S W U G N M D
W A K A N G A M K N D U H I E
A U B E E C I B Q A Y D Y F V
G G O G A M U L R U R L L T E
Z N A N E C T A R A D E F O L
X A K T Z W E W N S S Z R Z O
P P I L E N C K F H I O E A P
J A P A G B A B A S A E T P M
L T M A K A T I P I D Q T V E
B A T N U P U P A N C H U S N
F M D G C U C Z O D D X B C T
```

SISIW
MALUWAG
MATAPANG
MILL
BRASO
GATE
TUMAKBO
MAKATIPID
PAGBABASA
DEVELOPMENT

KARERA
MAGNAKAW
MAXIMUM
LUMAGO
LIP
BUTTERFLY
MAHINA
LASSO
NAPUPUNTA
NECTAR

Puzzle 41

```
Y  K  E  K  D  K  Q  G  O  E  P  U  B  N  P
P  U  K  W  T  R  U  P  U  A  A  G  P  M  A
Y  M  O  A  A  A  A  W  Y  S  P  K  E  A  M
M  A  N  L  O  B  Y  M  E  C  E  Q  T  G  B
A  W  O  I  C  I  A  U  A  N  L  P  R  A  A
P  A  M  P  T  Y  L  X  A  T  T  Q  O  Z  N
A  Y  I  I  T  E  G  B  P  N  I  O  L  I  S
N  T  Y  K  E  R  A  J  F  N  M  K  G  N  A
G  A  A  A  W  N  T  A  G  E  N  T  O  E  N
A  R  F  D  S  E  A  B  A  S  T  O  S  N  G
N  M  A  O  H  S  T  F  I  X  M  Z  R  Y  G
I  M  S  N  O  X  G  N  A  H  K  U  M  A  M
B  K  G  G  R  A  A  L  G  C  P  A  Z  N  M
O  B  X  E  E  K  N  O  Y  S  U  L  O  S  C
```

PAPEL	PAMBANSANG
TAYUAN	KWALIPIKADONG
EKONOMIYA	SHORE
KUMAWAY	FIX
PETROL	MUKHANG
AGENT	KUWENTO
BIYERNES	COAT
SOLUSYON	NAGTATAGLAY
MAGAZINE	DRAMATIKONG
BASTOS	MAPANGANIB

Puzzle 42

```
T M V N A G B A N G G A A N Y
O E A A Z D T S Y P K X P M N
E H X K R X S L L A B W O N S
O U T E I I W I K G Y P J S T
  M Q J V N A N D O Y A L U G
M I L A G U I B H N V G B Z N
A R E G Y O L G L G I K L B V
B A T Q J V X X K E O A O F L
A M S P E J G J V O V K O K I
B H I U U Y N F H V C A M C P
A U T Y L N O Y S A T I M I L
N K R J X Y Y Y U J H B F S I
G B A H Z L A Y R E T A M W W
N O P A T I P P B T Z G H R R
```

NAGBANGGAAN
UGALI
KIWI
SULYAP
GULAY
LIMITASYON
PAGKAKAIBA
SNOWBALL
HUKBO
VARIABLE

MABABANG
ARTIST
BRUSH
PAYONG
MATERYAL
MAKINIG
HUMIRAM
BLOOM
PAGONG
ITAPON

Puzzle 43

```
P  Q  Q  D  R  U  H  V  Y  K  W  P  G  M  L
I  Z  F  R  F  R  K  V  Y  K  P  P  M  O  Q
B  I  L  A  N  G  G  U  A  N  A  Q  D  B  C
N  N  N  C  J  Q  Y  G  R  O  T  A  B  P  C
P  Q  R  L  N  I  R  A  H  G  A  H  A  B  B
M  A  N  F  G  N  O  B  K  A  T  A  M  U  T
A  E  G  K  A  L  I  W  A  E  A  X  N  K  L
H  J  H  B  N  Q  F  B  E  G  S  R  E  V  I
U  H  I  D  I  L  I  G  T  B  T  A  Y  B  S
L  N  I  S  A  L  M  A  L  I  N  G  H  Z  T
A  O  O  T  H  G  I  L  H  G  I  H  M  C  A
A  M  C  M  A  T  U  T  U  L  A  K  A  I  H
N  E  M  I  R  K  E  G  Z  C  L  L  D  A  A
L  L  M  G  O  R  E  F  Z  T  K  E  X  B  N
```

BATO	BAHAGHARI
MAHULAAN	KALIWA
PAGBILI	MAD
HIGHLIGHT	BILANGGUAN
MALING	PATATAS
CARD	TUMATAKBONG
LEMON	MATUTULAK
ELK	CHASE
LISTAHAN	GILID
HIT	KRIMEN

Puzzle 44

```
T  W  B  T  Y  T  T  E  R  P  C  Q  X  B  X
X  A  B  F  B  I  C  H  O  C  O  L  A  T  E
Y  M  P  O  I  K  M  T  V  I  I  M  J  O  S
G  I  I  A  P  L  N  H  D  H  W  E  R  H  S
K  L  M  T  T  O  L  O  S  V  T  H  J  P  U
J  A  J  F  A  P  G  T  I  M  X  A  L  L  V
V  H  A  B  N  L  N  I  G  N  I  M  U  T  A
Y  I  T  S  S  G  I  L  A  U  H  I  C  T  C
O  N  O  A  W  A  L  A  H  K  U  T  O  I  C
P  R  T  L  F  F  K  P  A  E  T  S  Y  N  E
J  M  C  W  E  P  C  A  M  R  A  B  O  G  S
X  C  X  F  N  T  U  K  A  Z  A  I  T  I  S
W  E  E  K  E  N  D  K  P  P  R  L  E  N  F
H  A  G  D  A  N  B  L  I  V  B  T  N  I  V
```

COYOTE	TAPAT
KAPALIT	IPAMAHAGI
ACCESS	BAR
TUMINGIN	SHREW
PRETTY	HAGDAN
WEEKEND	DUCKLING
CHOCOLATE	TINGIN
HALIMAW	IMAHE
VIOLET	TIKLOP
ITALI-AARAL	SOLO

Puzzle 45

```
S Y K Z P A G K A B A L I M S
P H N A H U T S A W A K R A E
Y G P I T D I S K A R T E P T
G N O Y R A T N U L O B S A K
L U P D U D H R X C U H U G A
I P O A R K S I N G G H K L R
K A B B R E M O M K Q E A A N
O N K D J E S Z D I N W T R E
D T T F U V P S L S K Z A O Z
M A G F X Y G A K I W A N N Y
C P R O Y A L S R R M L N G W
L A N T I G Q I Y E O V D O Y
S A M P U N G I E K H A I Y Y
K A T O T O H A N A N O G L U
```

PAREPAREHO
SAMPUNG
MAPAGLARONG
KAWASTUHAN
BOLUNTARYONG
LIKOD
IISA
APATNAPUNG
DRESS
KARNE

KATOTOHANAN
KATAHIMIKAN
OFF
WIKA
ROYAL
SET
SUKATAN
DISKARTE
PAGKABALI
GITNA

Puzzle 46

```
P A M A M A R A A N O K P T M
J D E W O W T E L L F V A E R
N N I U X A S A Y C P H T D S
I A K T H G J U U S A P A D K
A T G U Y G N O T S A W K Y D
H A H T L A R U C X H K A A V
A M A A A P A R I H A M R N M
W T R K A T H Y R Z W X A G B
L Z I A X R R A Q N T N N U L
A C L N R W R A L Z L S G U U
L Y I R K P H E B A A S J A S
M H N N H M L L S A L I Q N A
P S I L M I L O T T H A M F Q
I Z B X D M P V E K N O N C N
```

PAGGAWA   NAUUGNAY
TEDDY   NAGTATRABAHO
NAKATUTUWA   PAMAMARAAN
TELL   UUSAP
ARREST   SAY
VOLE   HARI
HAWLA   WASTONG
MAHIRAP   BLUSA
BINILI   HALALAN
MATANDA   PATAKARAN

Puzzle 47

```
P  T  D  P  S  A  E  P  O  C  S  E  L  E  T
K  A  U  H  K  F  E  E  D  P  E  N  R  T  C
A  T  G  L  A  W  R  L  E  R  K  A  E  A  O
R  I  N  B  O  M  I  A  P  O  S  S  C  N  M
A  S  I  N  A  N  M  J  R  P  Y  I  R  G  P
H  I  T  A  S  N  G  Y  E  E  O  Y  E  K  A
A  B  A  G  N  Z  G  U  S  R  N  A  A  A  C
S  G  K  A  A  I  L  G  S  T  G  H  T  I  T
A  A  S  T  B  S  W  I  I  Y  D  A  I  N  I
N  P  J  A  M  K  D  F  Q  T  R  N  O  B  I
H  R  E  P  O  R  M  A  H  V  T  Y  N  O  M
L  G  Z  A  A  U  N  A  N  G  Y  W  A  Y  S
D  U  I  K  U  I  N  Q  V  D  Z  E  L  Y  G
W  U  R  P  T  M  R  I  T  I  N  U  R  O  U
```

COMPACT	TULONG
REPORMA	AIR
RECREATIONAL	NASIYAHAN
SEKSYONG	KAPATAGAN
PROPERTY	TELESCOPE
DEPRESS	ITINURO
PAGBANGGIT	TANGKAIN
SKATING	KARAHASAN
IBON	BANSA
UNANG	PAGBISITA

Puzzle 48

```
F I N A G B E B E N T A G U W
L L M A P A Y A P A N G V B D
Y I O H E L B A S O P S I D P
W L S W K Y R I B A H A K E P
P A N U E E X Z O G G T Y A A
R H O A N R E E B L H V E F G
M A E T S D I O Z Q O H K I P
E K Y L D X A W L Z O G A N U
R R J W B W U L O O T E Y E P
R I D A G D A G O F H M B Z U
Y O D N V J O Y W Z T T R C L
K A H I R A P A N J R U T X O
E O S I T W A S Y O N N T T N
B K H E A T O M I C X I I S G
```

BAHA
DISPOSABLE
BEER
KAHIRAPAN
SITWASYON
SUNDALO
IDAGDAG
TOOL
PAGPUPULONG
ATOMIC

MAPAYAPANG
BIOLOGY
NAGBEBENTA
MERRY
WOOL
FLOWER
STEAM
KAHALILI
NUTMEG
FINE

Puzzle 49

```
I  T  H  M  T  X  L  A  R  A  W  T  I  K  K
M  C  J  X  J  Y  I  A  T  Q  Z  D  H  U  P
P  I  V  I  Z  X  Y  Y  E  H  I  A  M  A  O
O  S  A  B  A  L  R  I  R  U  N  T  Y  B  G
R  T  J  H  C  U  R  H  N  E  N  O  A  I  H
M  A  T  H  P  B  E  R  A  E  D  I  G  N  A
A  S  H  T  D  J  B  E  M  D  X  Q  N  A  H
S  Y  L  L  I  N  E  N  F  A  C  B  R  S  A
Y  O  K  B  T  L  S  E  X  Q  H  R  O  Y  R
O  N  A  W  A  Q  O  A  D  V  E  U  L  O  I
N  T  D  L  P  U  O  S  Y  W  Y  Q  L  N  L
Q  U  X  A  A  A  G  A  G  V  Y  S  N  O  R
B  P  D  H  K  W  F  W  U  P  D  A  T  E  G
D  W  E  X  Q  M  D  A  D  I  R  O  T  W  A
```

KUMBINASYON	ASAWA
DITO	LINE
ISTASYON	GOOSEBERRY
PAGHAHARI	URI
KAPATID	LOOB
AWTORIDAD	ARAW
IMPORMASYON	LAYUNIN
LABAS	UPDATE
ENERHIYA	IHAYAG
MAHULOG	DEAR

Puzzle 50

```
J  G  L  O  V  K  G  A  Y  A  L  G  A  M  H
E  J  O  H  E  R  A  P  A  K  G  A  M  A  A
E  A  G  N  I  H  C  T  A  W  K  R  N  L  L
F  R  U  U  G  V  Z  T  U  R  E  S  O  A  I
W  F  O  O  T  B  A  L  L  N  H  Q  I  Y  M
Z  M  L  T  E  K  C  A  J  I  A  L  T  O  B
Z  O  U  G  S  G  A  C  E  R  P  Y  C  N  A
T  U  M  A  W  A  G  L  O  G  L  E  A  G  W
S  C  H  O  O  L  B  A  G  U  C  V  E  N  A
P  O  R  T  R  A  I  T  O  W  P  K  R  V  F
X  V  U  M  A  T  A  L  I  N  O  E  V  U  V
H  P  Y  A  C  Q  M  A  K  E  G  D  E  L  S
N  U  T  R  I  E  N  T  S  M  C  K  F  V  T
D  R  B  F  N  V  O  N  P  O  I  D  Z  X  U
```

MAKE	MATALINO
MAGKAPAREHO	SLEDGE
REACTION	MAGLAYAG
TUMAWA	JACKET
FOOTBALL	MALAYONG
WATCHING	PORTRAIT
NUTRIENTS	RIN
COUPE	ULO
HALIMBAWA	SCHOOLBAG
KATUNAYAN	STORE

Puzzle 51

```
L S F M Z N A K C S I U L E C
Q K R Q W K A T R P L L P E O
G N O B U T U T A K A O S I M
G A T M T V D M Y E W C I R P
D H I M E M Q D O T T K L B A
A A U Q T D R E N C P O A U N
S K Q C Y E Y T S M Z R N N I
I A S W N Y X A L O L W G D O
B S O O W G G S S X X A R O N
U Z M T I R A H A N R A G K Y
Y P F Q M A S A Y A I O M Z P
A K A B A B A I H A N G H P B
S E T R A M A T I N D I N G Q
M A Y A R I M A G A N D A N G
```

SIBUYAS	MAY-ARI
MARTES	MEDYAS
MATINDING	BUNDOK
SAKAHAN	KATUTUBONG
MAGANDANG	MOSQUITO
COMPANION	TEA
SILANG	CRAYONS
MASAYA	LOCK
ILAW	LOLA
TIRAHAN	KABABAIHAN

Puzzle 52

```
K G N Z W P M A D A L A S B J
R T O K A T A T A N C F T I P
T I O T I K H A Z Q X O A G K
D A R E M A C O T U S R J K A
D O A R U B M A P L B E O A N
E I K J S P L F U T M S Y S I
M G G T O K A T A N A T F K N
S E A K O A T G L Z N P U Q O
S T N F X R I N S P N X L P X
Q E R T N B P P I N V K L N E
I S A E A Z A B U L S A Y N N
R B Q O A L C M I S T E R Y O
Q R B Y C M C N G Y M R L U V
Z B H R R X P P T B O X I N G
```

MADALAS   NATAKOT
JOYFULLY   ITO
NATATAKOT   MAN
FOREST   BIGKAS
NAGKAROON   KANINO
CAMERA   MISTERYO
ISLA   BULSA
PAMBURA   CAPITAL
DOKTOR   BOXING
STREAM   MENTAL

Puzzle 53

```
G N I W S T M A R K E T V K I
N E C K O P U C P L G I Y A C
I P B E Q R P L N Q I B A S I
R Y F T U I M A A S F R W A C
A E Z U V B F Q I D B O K L L
G J B Y T K E K G U O X I U E
A H W N T M E Y S G T E L K S
L D D A R C D F B T O N A U B
S T J W F K L L D D A N B Y I
K O B A K I L A A M O F A A L
R W P R Q U S O K N Z O B N Y
X E A A A L R I G H T E G G Y
T L D L Y U R N I P U K A S R
J L A B I N G I S A N G P O D
```

SAKUPIN	PEN
MARKET	WORM
SWING	KASALUKUYANG
ICICLES	LABING-ISANG
BOTO	PAGBABALIK
LAGARING	TOWEL
ALRIGHT	GOODBYE
TULAD	FEED
ORBIT	MAALIKABOK
LARAWAN	USOK

Puzzle 54

```
C D S T A R T A K Y M T I S S
G N A R I T I T A N J C K N N
A N L K A O H D L B S A V F O
O O A H A F Z P K A A P D V W
H C L G O L O T U N I M W N F
E H I Z L T Y I L B V O U S L
M A K R V E E M A L R C M B A
O I A E I T I L H P V B B Y K
U N P S T U X N I F F U P O E
N R I E W L E G N A C S B I T
T W C R F P L A N E T A C N Z
A V N V P Q Y B W C K K C U I
I D S E S A C N E P J N R L V
N A Y U K U L A S A K O L F N
```

BUMABA
MINUTO
PENCASE
PLANETA
RESERVE
IPAKILALA
BIT
ANGEL
SNOWFLAKE
SUBCOMPACT

KALKULAHIN
LAKAD
KASALUKUYAN
PUFFIN
SIT
START
HOTEL
NATITIRANG
CHAIN
MOUNTAIN

Puzzle 55

```
C P R U I I J F K Z G G H U M
A K M A C J J A X A G P K B A
T R O T A R E M U N N F F A B
E O K O F L B D P I A Y Y S U
L T O O W H E E L S M R A O T
L A J T L P H D Y U A O L N I
I L Q A H E G I K P L M A D G
P U K M A P K R V A A E B X N
T C J O V Y A S O T L M A N A
I L V T W L N S Y N I A H M W
C A C R A Z Y E T O N T A L U
A C O U D R O R R E N A N X P
L P A G G A N Y A K E K V R H
T R U E B M C Y X N P E P H W
```

MEMORY	TAPUSIN
ATAKE	KANYANG
KOLEKSYON	UBAS
LABAHAN	TOMATO
NUMERATOR	NILALAMANG
ELLIPTICAL	WHEEL
CRAZY	MABUTI
TOOTHPASTE	PUWANG
RIDE	CALCULATOR
PAGGANYAK	ERROR

Puzzle 56

```
N O L A T N A P E A I M M N U
T B A T C H W M F Z B A C A L
E R P R E M Y O Z C A H I G Z
V A N F H Y L Y R V B I N B C
A L U S O V F A Z C A H N I A
T W Z C Y L O R I W B I A G G
N D S E N I H A Y I T R M A P
U V F P S V B K P B B A O Y A
P U L B O S I N Z A U P N W G
A C O R N S E K G N T B P R S
P B F K U M E R U I O A A B U
S T A N D A R D P S K M E J B
G R H A L O K C X X Q P D S O
M A H A L A G A N G E T P Q K
```

PREMYO SINABI
CINNAMON IBABA
EXPRESS ALOK
PAGSUBOK TIYAHIN
NAGBIGAY PANTALON
STANDARD BATCH
BUTO PULBOS
MAHALAGANG ACORNS
MAHIHIRAP PAPUNTA
CROWN KARAYOM

Puzzle 57

```
V H G N B W P K T D P Q O T G
B G N H T D L U O T U Q B S X
K I O L A H I K U A E Y B I S
A T T U V J I I C V E N A P E
P A K A Y N I P H A R W N N N
I W E Y D O E B Q N G U K I B
T I P F K Y L M S F E L J Q S
B H R P G I L U H L D S E R R
A A E V P H G S S H O O T E O
H P P S E I R E S H G N Y P B
A I E K O L B U R D T A H L I
Y Y W M Z E B M K P Q L A Y N
D N A H I R A Y G N A P A K S
K A R A P A T D A P A T H I C
```

IPAHIWATIG
ROBINS
MUSEUM
REPLY
RELIHIYON
KAPITBAHAY
SERIES
DUYAN
IHALO
KAPANGYARIHAN

BITAD
SHOOT
PERPEKTONG
PINYA
KARAPAT-DAPAT
BLOKE
TENNIS
TOUCH
PLANO
DEGREE

Puzzle 58

```
D E N O M I N A T O R A T S H
S K A L E R I S Z L K A K A B
P Y I V S D B M W S X U C B T
I D F O P J E A K I J S O I T
N S D S Z H H R L L M P T K X
A B I Q H Y G A A H V X S B X
C U T L A V I H N L Y N W Y G
H S R S O Y S I B R E S G A M
V P V L V N A L U M G A N I P
P G I W P A G K A W A S A K L
P I N A K A M A L A K I N G N
I K A P I T O N G O L I B Y P
T U M A W A G I G A T A S J X
O L Q V Y D B L U E B E L L R
```

BAKA	TUMAWAG
STAR	BUS
SPINACH	IKAPITONG
SWIM	RELAKS
SABIK	PAGKAWASAK
DENOMINATOR	PINAGMULAN
MARAHIL	PINAKAMALAKING
GATAS	DATA
BILOG	STOCK
BLUEBELL	MAGSERBISYO

Puzzle 59

```
Y M I E N I A M U K S A L M D
B A G N N R T B C U A A N A O
C B U A D S F A Y M B L A K P
B A W M E E W N B U A A B I A
A N T A G I P K Y S D L A P K
L G O D N I W E R T O A B A I
K I S M P O O T N A C B A G R
O S Y A W L L A H D C C T U A
N E P R I M P O R T E R O G M
A S N A S A L K U T A N X N D
H O S N A N W C X O Q S T A A
E Z F Y K B I R T H D A Y Y M
N S V C O P A G L A K A D L I
F A R V P N O J E M P Q Y Y K
```

MABANGIS	BALKONAHE
BANK	REWIND
AALALA	INDEPENDENT
SAKOP	IMPORT
BIRTHDAY	NABABATO
KUMUSTA	HALLWAY
NARAMDAMAN	PAGLAKAD
NATUKLASAN	KUMAIN
MAKIPAG-UGNAY	SABADO
POOT	PAKIRAMDAM

Puzzle 60

```
T Z M L M T I N U U W P U P P
G U Y S A D H A O K R U M O R
N N E D N E P E D F I T A V O
I P A G A M E B R G T I R U P
G A D L N O P Y W M E N K M E
A G L Y A Y A O E Y A G A B S
L K P Q T D N W P S O L A H O
A I A V I W K I L A L A J T R
P L M W L J Y L Q U J V L J E
Q O M F I D D A A V V O O K Y
G S A I N A H A B I A K F F Q
F W A R G R F X A V E P E D G
I N S T I T U S Y O N M N B R
L I B R A R Y M M U M L X V W
```

MARK   PAGKILOS
PUTING   KILALA
PROPESOR   EYE
DEPENDE   LANG
LIBRARY   KAIBAHAN
THERMAL   GUYS
HALOS   BAGAY
WRITE   UNIT
MANANATILING   MUMMY
INSTITUSYON   PALAGING

Puzzle 61

```
W  B  Y  P  P  P  A  B  I  L  O  G  K  H  H
A  A  M  A  R  E  H  N  Z  C  T  U  E  E  I
S  N  V  G  O  R  V  T  B  H  W  W  K  L  P
T  A  F  P  P  F  E  G  A  L  L  I  V  P  P
E  Y  K  I  E  D  G  C  S  H  O  E  A  F  O
S  A  P  P  S  N  G  N  O  L  A  W  G  U  R
A  D  R  I  Y  U  C  A  N  V  F  O  I  L  N
P  J  U  L  O  D  D  H  A  I  E  Z  L  L  L
Q  Q  O  I  N  W  M  A  V  V  P  R  A  Y  Z
L  A  G  A  A  M  Z  M  I  T  I  A  Y  Y  O
S  A  O  N  L  G  G  A  G  E  E  L  N  L  R
Z  I  S  B  B  A  C  S  A  H  U  K  G  A  P
Q  G  F  O  L  A  Y  O  T  L  Y  C  S  G  H
G  T  T  N  N  R  W  D  E  S  R  A  Y  M  D
```

PAGKUHA
PROPESYONAL
HANAPIN
BANAYAD
SAMAHAN
AGILA
PAGPIPILIAN
HELPFULLY
PABILOG
LAYO

MAAGA
LEEG
RECOVERY
WALONG
LASON
VILLAGE
WASTE
SHOE
NAVIGATE
HIPPO

Puzzle 62

```
T T Z X H N O Y S A R E P O I
N I A A A O E N T R E L A I P
E P I O T F C F L O W V N G I
I G U S N N S K P N A H G K N
T G E O I J Y W E R E X A V A
O O X L P N R G X Y M Z D M N
U X Y I N N X Z G V T U U G
Q D F M P A L U T Q S R L N A
F T R U G K U M I N O M T D N
S M U K A A A M I N I N O O A
Z E J T P K O A N S H X O A K
W B T R P A T I L A S G A M N
K K E L B I S I V N I Z I P V
Q A L O Y N A S A G Q U M A G
```

NAKAKAIN   ALERT
INVISIBLE   MAGSALITA
TAON   MAG
HOCKEY   UMINOM
IPINANGANAK   PAGPIPINTA
QUOTIENT   ANYO
ASA   KUMILOS
PANG-ADULTO   AMININ
TULA   MUNDO
TIISIN   OPERASYON

Puzzle 63

```
M A T U K L A S A N A B F I U
I S K U T E R R K M L C U N M
M A G L I N I S A N I O R I A
F C R W C J S Z R D M O N R K
P M Z L Y N C E A A A K I E Y
I T L A U N A M G G N E T R A
M A G H U G A S A R G R U E T
N A U A L N J S T E O B R K O
Q R H M A I R Y A S A A E U F
X L L G G L T X N I T Y S M Z
A A F A A L L U J B N P U E C
C M Q P T E B A H O A Z O N I
E U R A O P H E R I P E H D N
O A F M K S L M C S N D P A Z
```

SPELLING	FURNITURE
AGRESIBO	COOKER
ISKUTER	KARAGATAN
UMAKYAT	PANTAO
MAPAGMAHAL	MATUKLASAN
LITUHIN	HOUSE
AGHAM	INIREREKUMENDA
TAGAL	MAGLINIS
MANUAL	ALIMANGO
BAY	MAGHUGAS

Puzzle 64

```
I  H  R  X  K  A  T  C  M  T  S  D  Z  U  B
R  Q  P  I  J  B  Q  T  A  H  U  N  I  K  U
K  A  S  O  G  I  S  B  E  R  O  H  C  K  R
X  M  L  L  K  G  B  B  M  B  R  U  W  U  E
T  U  F  G  N  I  N  I  A  R  T  Y  A  K  D
E  R  S  J  M  L  A  S  A  K  Y  O  G  G  O
R  B  U  O  P  A  N  G  U  N  A  H  I  N  G
R  L  I  S  F  H  I  Y  G  L  L  P  M  I  U
E  A  P  T  A  M  L  E  I  Q  B  U  T  M
F  R  P  A  S  U  B  J  E  C  T  G  S  N  U
G  O  R  L  O  P  A  G  B  A  B  A  T  U  S
Z  F  P  A  E  M  O  S  Y  O  N  A  L  G  U
N  E  H  K  L  I  L  T  U  N  J  I  O  O  F
A  Y  L  A  P  O  S  I  B  L  E  N  G  M  Z
```

CHORE	LARO
KASO	FERRET
HALIGI	KASAL
TRUST	PAGBABA
TRAINING	SUBJECT
KINUHA	PANGUNAHING
GUNTING	CARRY
EMOSYONAL	SUMUGOD
POSIBLENG	SOFA
SUMIGAW	PALAKA

Puzzle 65

```
L W F T M P W O L L I W D W S
I N G N A G A L A H A H A M E
M F A Y U R L G E T O C T M N
A K L H H U A S N A G H K U S
N W S Y I P N Y G T X G J V E
G L T D I M G C D S M N V B L
P A N T A S A V K U G O W H E
B U F F A L O R M L D D P F S
D O B L E N G X A O G A T I S
C O W B O Y Z J M K F Y A M S
G E N E R A T I O N G S P A B
A S S O R T M E N T J A A D B
N A N I N I W A L A W M L Q X
Z O Y F N B G A P Z O F I Y X
```

COWBOY

SENSELESS

ILAPAT

GANSA

MASYADONG

ASSORTMENT

MAHAHALAGANG

FLY

PANTASA

KARAMIHAN

LIMANG

NANINIWALA

GENERATION

TATSULOK

WILLOW

ITAGO

DOBLENG

BUFFALO

DAMI

WALANG

Puzzle 66

```
I L O N G K H C R A E S S S M
M N B A S A A W N V X Q U H A
T V A T N G D E A D C U B O P
Z M F K K A A R R P E A S C A
Z Y R A M N K M U B P R T K G
H A Q S U A E A K V T E A E T
U J K A S P D T A K I R N T A
K P X S I A Q A B P O C S Y N
U I Z A C N P S L P N Z I T T
H O D N B I S O N O H E Y U O
T R A N S P A R E N T T A M B
B G N A T A H A L A K G N A P
K Q K M W G N C H E E S E Y C
M I K I T O C W P H T V A O I
```

MATA
SUBSTANSIYA
TUMAYO
PANGKALAHATANG
NASASAKTAN
BREAK
CHEESE
ILONG
BISON
KAGANAPAN

SHOCK
MAPAGTANTO
EXCEPTION
SQUARE
BAKURAN
KID
SEARCH
DEKADA
TRANSPARENT
MUSIC

Puzzle 67

```
B A L A N G K A S Z O T M D D
Z J M S S T I C K O Y D A G G
N S W A I M J C F Q I N G N L
O Y A L H T N I O P H C L V F
Y R R T W U T L Y R E V I R D
S O D A A Z S I K I L A M U B
I R H C L E O A N L I H B M M
T B T C U T C V Y G B X A Q A
E M I T S P Y E P Q I S G Q A
P E W I O R B D S N R U M X R
M Y E M X X L O F M P D E F A
U I K E H H H N A M A G A B W
K M A R E I T T E R P Y V S O
T R W M A K A M I T D O I T E
```

BALANGKAS	WAKE-WITHDRAW
SITTING	MAGLIMBAG
BAGAMAN	COST
DRIVER	PRETTIER
CUPBOARD	MAKAMIT
MAARAW	MIYEMBRO
TIME	STICK
POINT	PRIBILEHIYO
BUMALIK	SODA
KUMPETISYON	MAHUSAY

Puzzle 68

```
J U K F D Y Q N H N A K M E D
R F A A T O L Z O A L A Z S G
S Q E G M B O L N P A X J C N
O U L N Q A R O O A H I N D I
T F G A D B Y G R K A M K M L
S B F W P H I G A A M A O A I
U X H I B A H N B S A G G T W
N Z K N C F G A L A M A I A I
I J B A S E D T Y M G L N L L
G A C R I G R A A A A A U I I
Q W Y A M N O T D N P L G N W
K N E K P A C G I A T A O O A
M I N E L R E A U W V Y L N K
B V X I E O R P E I T B A G J
```

PAGTATANGGOL
MINE
HONORABLY
OFFICER
KARANIWANG
PAGTANTYA
GINUGOL
BABOY
KAMAY
PAGMAMAHAL

LEAK
RECORD
NAPAKASAMA
MAG-ALALA
MATALINONG
GINUSTO
KAWILI-WILING
ORANGE
HINDI
SIMPLE

Puzzle 69

```
M A K A A B A L A N T A Q W L
P H M A L A L A N G A L D P I
A L O N T T A W X T T T Z V Z
M R Z S H M G N O Y L I M T A
I S G B T M Y P R Z O T Y M R
L V F D T X R L E K N U L A D
Y X R A R J O L Z P G D S G O
A E C N E R E F N O C E U U S
D N O Y A G N A S A M U S L G
Y I E O P B Q V H O J F Z A N
L O Y N E N I T N E L A V N U
W R O T A R E G I R F E R G L
I P A S O K D Z O B R I D G E
P I N A N S I Y A L B O C R Y
```

SUMASANG-AYON   REFRIGERATOR
BRIDGE   PAMILYA
ALTITUDE   LUNGSOD
LIZARD   VALENTINE
MAKAABALA   PINANSIYAL
IPASOK   NABIGO
MALALANG   HOST
CONFERENCE   MAGULANG
CRY   ZERO
MILYONG   TATLONG

Puzzle 70

```
K O S K U K O K P K A Q H K Z
W N W K S A M U Y A G A G S F
Z A B J H T A M T S N N C H P
W E C I A A G P U D I L Z Z T
C L B X R K P L A K M E O C T
Q J U R E I A I T E U K B O H
Q D J M A P S K X N H H O N B
V F W L I K Y A S E R P R O S
U T M H A P A D N I F K W F A
L A L A K I A O T U A U A I D
W N C G L Z A T O D A S A L N
Z T K A L A M I D A D I L L A
F L P A N O O R I N R N E O L
M A K I P A G U S A P A C V N
```

MASK	ICE
MAGPASYA	SORPRESA
PANLOOB	KUSINA
HUMINGA	ZEBRA
SHARE	PANOORIN
TAKIP	KUMPLIKADO
LALAKI	KALAMIDAD
KUKO	MAKIPAG-USAP
LANDAS	FIND
LUMIPAT	FILL

Puzzle 71

```
H N I L T T I N Y H P O E K H
G O I I U E A L O N H E R A T
P I L I N T L A Q R I A R U
M T I M N T I S A P O S C B K
A A G A A Q M V G G I L F O T
G T I N G D U A E H A S F N O
I O T T H I K H W A W N B J K
M U G I A N G U L A N G G K P
B Q A K H I I S S N O W M A N
I P P I A Z C H W G X R E E I
T F D L N Q Z A O V X C B S H
A K X Y A C Y D R E P A I R M
I X C A P F D E R I I T U N Y
A L I T U N T U N I N Z O O V
```

PAGTIGIL
SNOWMAN
QUOTATION
NAGHAHANAP
SHADE
KARBON
CAR
DIN
TALAGANG
TUKTOK

PEA
LAPIS
SOPAS
ALITUNTUNIN
MAG-IMBITA
GULANG
KUMITA
REPAIR
PILIIN
MANTIKILYA

Puzzle 72

```
I D T A M A L A D S Y W Y G P
L I I E K I B I V F T E L B R
A U Q G X E I O Y X I T Q D O
R L D Q M T U N T O N G I S F
A F E C R A C S J F U L B D I
W L C Q X U A Y A P M U G A T
A Q L L R D N N N A M D N E S
N O P A H A K Y O J O I A R A
E D S Y C R G S T Z C R L R R
S R P S Z G I E E C J E A W I
D K D I B A Z A B K E C G X L
P A G P U N T A O M G T G G I
Q Z F O G D I P O W G O A Z N
S C L T L A X I K G O R P R G
```

ALAMAT
DIGMAAN
SARILING
BIKE
PAGGALANG
TAGUMPAY
FLUID
TEXT
RATE
ILARAWAN

PAGPUNTA
GRADUATE
DIRECTOR
OPISYAL
COMMUNITY
SIGN
KAHAPON
PROFIT
SCARCE
NOTEBOOK

Puzzle 73

```
D L A N T I G O N G B P K Z L
C O F F E E G G A O M A D E Y
Z Q O Z L T W I V H J N D O O
U I O B W G Y R A S S O L G S
C I I V M D E T L E S U R W E
E L E M E N T A R Y P T L R N
N A K A L I M U T A N A O O V
M A K A T A N G G A P L N P Y
J S G Q P E R I M E T E R I G
I N A A S A H A N I N P U T G
J P W M E S S A G E A B A B U
C K B R O K U L I K J U M W Q
R A N D O M K A B A L Y E R O
H F O R W A R D S M H P K R N
```

STOP   FORWARD
TRIGO   INPUT
ELEMENTARY   COFFEE
PANIG   BABAE
PERIMETER   BADGE
ANTIGONG   GLOSSARY
MAKATANGGAP   BROKULI
RANDOM   INAASAHAN
NAKALIMUTAN   KABALYERO
MESSAGE   DAMO

Puzzle 74

```
M  I  W  I  Z  T  V  K  B  E  Y  O  U  E  W
H  A  Z  B  R  O  O  X  K  K  P  P  O  E  R
S  A  T  A  K  I  L  A  B  K  Y  U  A  X  I
H  K  B  A  E  B  Q  L  Y  U  W  L  N  R  N
O  U  Q  A  N  O  M  K  P  M  Q  T  E  O  K
O  C  C  R  G  G  B  O  L  A  G  E  R  I  L
K  E  A  U  D  K  K  O  I  L  N  D  A  N  E
Y  Z  B  J  Z  Y  Y  A  T  A  T  U  R  E  Q
F  Y  D  H  T  P  E  K  D  T  D  B  D  S  U
I  N  D  I  B  I  D  W  A  L  H  W  T  Q  I
G  R  E  Y  N  R  L  N  W  Y  R  O  E  H  T
T  I  M  B  I  T  A  S  Y  O  N  H  J  J  X
K  I  N  A  L  A  B  A  S  A  N  S  F  X  P
J  T  I  N  A  N  O  N  G  H  V  R  M  D  L
```

HABAG	MATANGKAD
WRINKLE-QUIT	PUNO
ARENA	REGALO
INDIBIDWAL	TINANONG
KUMALAT	KINALABASAN
TRIP	YOU
TATAY	SHOW
SHOOK	IMBITASYON
THEORY	SENIOR
GREY	BALIKAT

Puzzle 75

```
F W N D M P U S M B L O M N N
L U W L A A U O U A I O Q O A
I N Z P A N G B H N H I Y L M
P S L R S S A E W W D A F L A
P H A O I A L J M I B I L A Y
E H K D K R I P I A N O A Y A
R T E U A I H A L A M A N L M
U I R C S L Y P I N O N G Z Z
N R E T O I C O M P U T E R A
L A T I G N A Y R O G E T A K
A J S O N G G U A D P W N Z Q
D G I N U H J J Q E J H A E G
N A S A S A B I K C G K L K D
P U B L I C N H H S O Z P B G
```

NASASABIK   MAASIKASO
MAYAMAN   COMPUTER
SISTER   MOM
KATEGORYANG   MAHAL
SUNDIAL   FLIPPER-UNLAD
TIRA   UUGALI
PUBLIC   PANSARILING
PIANO   PLANT
LAKE   PINONG
PRODUCTION   HALAMAN

Puzzle 76

```
K M U R X T R C Y B X R E Z I
P R H L U R S K O U W N G D J
P A I O G C V T P W G Y K H H
L L G S G D H Y E A E D I T P
M E H T I J A I K Y F U N D M
E T P W A S D T P A O C O C O
V W Z G N A R I S S O N T O P
E D W C E B S Y B X A D O J I
B U N N Y M A B I L I S K I N
K A S T A N Y A S N K P O L I
L A M P A S A A R A L M L I O
P A S U K A N K H M B Z E N N
T I F S I L A N G A N C M G C
G W L N A S A K I L A K N D O
```

KASTANYAS   PASUKAN
OPINION   BUWAYA
COCOA   MABILIS
FUND   LAMAN
TELA   KALIKASAN
SILANGAN   KRISIS
ILING   BUNNY
LAMPAS-AARAL   MELOKOTON
EDIT   CHIPS
PAGTAAS   SIRANG

Puzzle 77

```
T W Q V R V B I B G B A S O B
N A L I G I P A E N R P B J U
Z N G E V S V S A U E O K X S
O L O T Q B B E C K T D W H I
F I L M U O A M H M N I H L N
S R A Y N Y G R A G E T A P E
D U J H I S O Q N Q C R R S S
G W X P P Y Y T L B E A D P S
P A G S U S U M I K A P I Q D
M A K I P A G T A L O T N T I
A Y R O N I M N D J S Y O Q K
P U R P C G D F E F B E A R Y
K L N A P A K A R A M I N G O
O H Q P C C C A C B I B I G E
```

BUSINESS
BARN
BASO
NAPAKARAMING
BEAR
PARTIDO
MAKIPAGTALO
BIBIG
KIDS
PAGSUSUMIKAP

TAGTUYOT
PIGILAN
MINORYA
CENTER
BEACH
KUNG
HARDIN
LUYA
GROWL
FILM

Puzzle 78

```
G  Y  G  U  D  L  N  D  T  M  Z  Q  F  I  Y
R  O  T  O  E  K  P  O  R  O  L  T  O  P  I
Y  P  B  W  L  E  M  L  A  N  E  U  R  A  G
J  M  H  Y  S  E  I  P  H  I  M  M  M  H  C
M  E  P  D  E  G  S  H  E  T  O  A  U  I  X
Y  N  J  A  T  R  N  I  D  O  N  Y  L  R  F
W  V  B  L  O  A  N  N  Y  R  A  R  A  A  N
T  O  A  L  B  H  P  O  A  M  D  O  B  M  X
U  J  N  F  N  C  P  E  P  T  E  O  D  I  K
I  K  A  T  L  O  N  G  N  R  L  N  E  Y  M
I  A  U  A  G  T  M  B  J  N  E  G  E  V  S
T  A  D  Y  B  R  I  B  U  G  Y  S  P  F  S
T  E  S  T  V  B  M  J  J  T  B  C  S  T  X
I  P  I  N  A  D  A  L  A  N  I  S  I  P  O
```

GOBYERNO	CHARGE
SPEED	LADY
IPAHIRAM	MAYROONG
DOLPHIN	PRESS
BOTE	TOE
TEST	IKATLONG
LEMONADE	IPINADALA
OPISINA	PENNY
TRAHEDYA	SLED
FORMULA	MONITOR

Puzzle 79

```
K Y A S U H M W J Q A V S C T
A O T R N R X C Q V L R I G E
M L N I H U T N E B M I M D L
A U U K C L R E G D A B B X E
H T P S L I I E I G A H A B B
A A G S L U F U Z N G W H Z I
P P A A N T S Q H A S M A H S
A G N R A Y Q Y H G N A N I Y
M A W X R O X Q O G N V N W O
H M I N S T A N T N I B I H N
M A X N R A L U K I T R A P I
P J P K U T I N G P I O R J T
O A X P P P C L R S L W I Q Q
I D L T Y P W P C B U N S V Q
```

IMBENTUHIN   NAGPUNTA
MAGPATULOY   BADGER
QUEEN   ANT
KUTING   BROWN
BAHAGI   TELEBISYON
SIMBAHAN   PINGGAN
INSTANT   ULITIN
HAPPY   MAPAHAMAK
KONKLUSYON   PARTIKULAR
SANHI   SIRAIN

Puzzle 80

```
J  N  B  M  E  D  Y  Q  F  S  H  H  P  D  P
M  X  A  A  T  N  A  B  A  B  G  A  P  A  I
N  G  C  R  K  N  J  P  N  A  N  C  B  H  N
M  O  Q  T  T  O  Q  E  E  Y  O  Q  I  I  A
S  H  P  M  S  L  D  B  S  E  N  C  G  L  K
S  H  B  A  A  W  S  D  K  X  R  J  T  A  A
B  K  I  R  M  I  B  G  E  H  E  M  S  N  M
N  E  E  R  G  P  N  H  W  P  D  N  J  R  A
M  A  P  A  T  H  A  L  I  K  O  B  I  T  T
H  E  H  I  B  I  L  O  G  F  M  X  K  D  A
S  U  B  A  L  I  T  B  A  S  K  E  T  W  A
Y  B  E  U  K  T  J  B  A  G  U  H  I  N  S
M  A  G  A  T  U  B  I  L  I  N  G  W  D  N
A  R  T  I  C  L  E  M  A  D  A  L  I  N  G
```

MAIN
MAPA
BAGUHIN
BASKET
ARTICLE
PINAKAMATAAS
MADALING
HALIK
ILOG
SHIRT

TRAM
DAHILAN
MAG-ATUBILING
EKSENA
BAKOD
SUBALIT
GREEN
TIBOK
PAGBABANTA
MODERNONG

Puzzle 81

```
B I T A M I N A E C H C A O C
N A L U L U G O D B G Y J U N
B N A K A R A A N B Q C G B A
P A G K A K A M A L I L U D G
E V J O X C M I S S Y E I A P
P M E W Z U I B I N I G A Y A
H Z E R A T L A B W K V L I P
O S K R B R A P K T M G I R A
N D B R G Q D O Y S E R P T A
E T E X P E G R R W B S U S L
K U Z H L D N N O M A H N U A
F S D A F V O C C B Q B A D L
S I N G S I N G Y B E V N N A
P A N G A L A N A N H I X I F
```

COACH
NAKARAAN
PRESYO
MISS
VERB
PHONE
HAMON
NAGPAPAALALA
INDUSTRIYA
NALULUGOD

WARDROBE
CUT
CYCLE
EMERGENCY
SINGSING
IBINIGAY
PANGALANAN
PAGKAKAMALI
BITAMINA
LIPUNAN

Puzzle 82

```
S A M E T S I S R E Z N N H N
R W A A C E M R N X N A Q I A
C O D T G S U D S T A B P L G
I N G A Y K S Q D I G I U I L
I S O E L F A E L N N B S P A
A A A X B U Y S U C A I P A L
Y B N A S N I M A T L L A T A
P A N G A K O N G M I A T S K
T O O T H B R U S H A N A T I
A B G N O T U N I M K G W R H
M O N K U O K R Q P A G A I A
R L V D D E V E Y J N U R P N
O A A V S Y C I B E I O I Q G
F S R I F S E K J E K E N B Z
```

NABIBILANG
STRIP
MINUTONG
MINSAN
INGAY
SISTEMA
FORMAT
EXTINCT
NAGLALAKIHANG
ELF

GONNA
ILIPAT
LEAF
PANGAKONG
LOBO
MAGKASAMA
KINAKAILANGAN
PATAWARIN
SNOW
TOOTHBRUSH

Puzzle 83

```
P A G S U S U R I B V W S K R
R S P A L I T A W I N L E A E
I S A N G P I S B Z M A L S S
Q X U F C M E R P Z P H Y A T
T G N C H B G B R O H I O N A
R P I R O D N O C I R S X G U
P A G H I H I R A P T T B K R
S K N E U G L A H U K A N O A
C I A M L N A Y P O U K B T N
V T L O L U D L Z B E F I L T
V I I H I M N I U I R U Z Q Y
Z L B T P T A M U R S U N O D
K O I B Z J S A C A K X D N C
Q P B Z P F F P Y C S I I X W
```

SELYO
SPORT
ISANG
KASANGKOT
SUNOD
PILL
POLITIKA
CARIBOU
LAHI
PAGHIHIRAP

IRRITABLY
LEG
BIBILANGIN
NAKUHA
PALITAWIN
PAGSUSURI
CONDOR
RESTAURANT
PAMILYAR
SANDALING

Puzzle 84

```
O  I  Z  N  I  M  A  L  A  S  T  K  A  Z  K
S  N  K  I  W  Z  U  Q  T  A  Z  U  H  Y  U
E  S  L  A  G  N  I  S  I  G  A  N  C  I  L
I  G  S  H  L  N  S  C  I  T  S  A  L  P  I
C  L  Y  K  L  A  V  E  N  K  H  G  M  F  S
E  U  M  U  O  F  W  A  Z  G  A  N  A  R  A
P  U  R  M  D  V  A  A  W  V  R  A  G  O  P
S  N  C  V  D  K  V  M  N  V  I  L  A  N  D
S  T  J  M  E  R  W  I  H  G  H  U  G  T  F
A  T  T  E  N  T  I  O  N  N  I  K  A  E  R
B  I  G  L  A  A  N  G  O  A  B  A  W  W  A
R  E  J  R  E  B  N  Z  A  T  O  K  A  M  D
P  R  E  S  I  D  E  N  T  A  S  O  N  G  U
E  O  D  X  Y  D  R  L  T  B  Y  Z  G  O  D
```

CURVE	BATANG
NAGISING	BIHIRA
PRESIDENT	SPECIES
MUSIKA	MUKHA
BIGLAANG	WET
SALAMIN	ATTENTION
BAT	KULISAP
DOLL	FRONT
KAKULANGAN	PLASTIC
IKALAWANG	MAGAGAWANG

Puzzle 85

```
A  S  U  R  K  K  K  A  L  P  O  K  I  P  K
T  U  S  N  F  A  V  S  E  A  T  L  H  V  A
Y  M  H  J  M  L  T  O  E  G  N  O  P  S  T
P  B  O  H  A  A  J  O  L  D  E  W  C  I  A
A  R  T  A  R  Y  Q  R  B  A  L  L  E  P  N
S  E  Z  M  P  A  J  H  A  T  A  L  M  A  U
A  R  A  R  N  A  K  B  H  I  T  R  R  L  N
D  O  G  C  L  N  Q  F  G  N  S  R  E  I  G
Y  D  N  A  H  U  T  S  U  G  A  N  H  B  A
A  E  I  D  P  A  M  A  A  Q  E  R  I  A  N
N  P  A  A  L  O  I  I  L  Y  C  W  Y  N  T
G  S  T  A  T  E  M  E  N  T  Q  E  O  Y  S
M  R  X  Z  B  N  A  I  L  A  H  G  N  A  T
A  D  M  I  N  I  S  T  R  A  S  Y  O  N  B
```

ADMINISTRASYON	KATANUNGAN
PASADYANG	STATEMENT
SUMBRERO	PAA
KRUS	REHIYON
NAGUSTUHAN	TAINGA
PAGDATING	KALAYAAN
AMA	TALENTO
SPONGE	SHOT
IPALIBAN	DESK
TANGHALIAN	LAUGHABLE

Puzzle 86

```
D V C G H X S N C C D D V K K
D N L B Y E S U V L U I Z W U
W I R E M F M G L W T T T L M
O K I Q D V O K J O Y C T N P
F E O A T T V E I L K H E F L
D E Y M I S E R A B L E N G I
K H A N A L I A K A M A K N K
X Q L T G C O V H I Y G F I A
N X A G N I L L E P S A D M D
T E M P E R A T U R A L R M O
B J K N W Y M P H Y G A O I N
G A U U Y N U B M Q V H P W G
O I Z I J E D R U A G U V S N
Q F V V L V J H H J C W G W D
```

MALAYO   SPELLING
DROP   DITCH
BLOW   WIRE
DUTY   TAO
KUMPLIKADONG   HALAGA
SWIMMING   DUMALO
MISERABLENG   TEMPERATURA
SULOK   FEAT
BYE   CAMPAIGN
GUN   KAMAKAILAN

Puzzle 87

```
N  P  B  D  K  X  C  L  H  V  K  E  T  M  P
R  A  L  A  B  A  A  A  C  R  U  K  Z  L  A
J  G  U  W  E  U  N  N  M  G  M  S  O  X  H
N  K  Y  P  I  X  D  G  X  A  P  A  P  Z  I
A  A  S  T  U  L  Y  I  B  V  L  K  A  G  N
G  T  I  B  T  E  D  T  O  X  E  T  G  L  T
P  A  T  I  M  D  H  C  M  L  T  O  L  A  U
A  P  D  Y  I  R  A  P  A  I  O  N  A  S  L
K  O  D  E  S  I  M  A  L  T  N  G  L  S  O
I  S  S  V  S  L  H  M  Y  C  G  A  A  M  T
T  S  C  K  A  N  G  A  R  O  O  K  K  E  O
A  B  R  J  V  L  R  K  R  B  C  D  B  D  C
K  E  U  F  A  R  T  N  O  N  U  F  A  I  D
X  A  B  N  A  K  V  M  L  P  L  Y  Y  A  G
```

GLASS	NAGPAKITA
WILDCAT	PAGLALAKBAY
PAHINTULOT	ISYU
EKSAKTONG	DYIRAP
LORRY	ANIM
PAGKATAPOS	KANGAROO
SCRUB	DESIMAL
LANGIT	CANDY
MEDIA	KUMPLETONG
UPUAN	ABALA

Puzzle 88

```
Y L A G A M U T T I N A P A Y
V M J T I M O L H N V P P M P
E K A R D G J C N A T A E A P
B L T E N A Q K K T A T G L U
N A P J O W B E U I B U Q U P
L F M P N I X Q E T A N Z B F
O K A F A N N A B I L A M H E
Q S K J T B U C G R E Y F A C
T G I J U Q E M K A U A D N L
V R N D T W E A S E L N R G O
V W O Q U S T B I D E Y A J U
F W F U W I M T U O E Z O M D
U A P W A F V H G N I S L R O
E N G I N E K K P N S A Y X N
```

WEASEL	GAWIN
TINAPAY	PATUNAYAN
PUPPY	DRAKE
TABA	APPLE
MOCK	MALUBHANG
MALIBAN	NATITIRA
TUMAGAL	IDEYA
ENGINE	CLOUD
BUNS	SING
NATUTUWA	MAKINO

Puzzle 89

```
G O M E K S P E R I M E N T O
E N I H S N U S P S U M M I T T
R T S B U R R J B I E J I A H
S R M E P W S O E R N F U L O
T I O X N I U Y G I Z T S T B
Y R N T A R T A H X X B U O B
R A T I L I M F U N N Y Z R Y
W A W E T L A M A N G P I V A
M A C L K A N B D I X I I H X
E M W L U D F Q N F I N A L O
C Y R K O O T U A R C S R U O
W T S I B I L A H E Z R M D N
E K S A K T O I X G W A L C L
A T H L E T I C S I S P J S A
```

MAAARI   DALIRI
ATHLETICS   HOBBY
SUNSHINE   SUMMIT
FUNNY   EKSAKTO
TAXI   PARSNIP
MILITAR   SIBIL
HANDA   FINAL
INIT   IRIS
MISMO   LAMANG
PINTURA   EKSPERIMENTO

Puzzle 90

```
L N F O Y Z C D P S H K X R D
F A A E Z N L E I E S A H P I
V U B K C N O M N S V A V R P
A D N O A B C A T A N G N J L
Y N A M R U K N A B N A S G O
S U F I F J P D S H F D X I M
A S I L A N G O H A L A T A A
L A T I K A P I T U M Y K G R
O K S Q U I R R E L H M R D J
O T E N V I R O N M E N T A L
B M N P A L A W A K I N N S M
I G N I K A L A M K R A O B S
N U K Y P Y Y Q I M U H X N X
M A H A L A G A F B D D H S Q
```

BASE
PHASE
MALAKING
ILANG
IPAKITA
SALOOBIN
DEMAND
NAKAUPO
DIPLOMA
PALAWAKIN

LABOR
KAAGAD
PINTO
SQUIRREL
KASUNDUAN
ENVIRONMENTAL
HALATA
CLOCK
PINTAS
MAHALAGA

Puzzle 91

```
U N A Y A S Y A S A K Q D N A
G P A X T T L E G R W J M I F
D I A Y M U K O M J D A D O T
K I U G W T N J B H Z F V D E
P R E R W O R C E R A C S M R
H A Y O P J D S T A F F I A N
M Y X N O P M A F R K A S L O
N A W A K B I I E F P A W A O
L Y Z A U F A J Z M S E N P N
H G E P A N A M U G J K X I O
M N A M U K U H X I H T I T O
E A N A K A T A L I E X G V M
L M H U G I S E X P O R T D J
S A L A S A L A B I D C F F A
```

NAKATALI
STUT
KASAYSAYAN
AMPON
SALA-SALABID
MALAPIT
MOON
HUGIS
AFTERNOON
HAYOP

GUMANAP
EXPORT
MEADOW
KAWAN
SCARECROW
SKI
STAFF
PAANO
MANGYAYARI
HUKUMAN

Puzzle 92

```
O H U L J N S I L U T A M T W
E R U P A N A G I N I P A I X
B S R K H A R E W S M K K P K
I A O O O N O P E L E T A A A
D L Q T C M E G T N N A K K I
E D V N I A Y I H A M R A L B
N W F A W G G O C L E E A O I
S G I A C H H M C H T Q P N G
Y S D N P K I S O Y Q E G I
A G P I L A H L D P P P K X B
B A L I G T A R I N E J T J I
P A L A K A S A N B Z E O B G
M U Q E S A U S A G E S C K Z
E L E P H A N T W K E H A H W
```

HALIP
EBIDENSYA
MAHIYAIN
SAUSAGES
PANAGINIP
TELEPONO
HUKOM
PALAKASAN
MAKAKAAPEKTO
POND

INAANTOK
MGA
HARE
SPEECH
ELEPHANT
KAIBIG-IBIG
TIPAKLONG
BALIGTARIN
LUHO
MATULIS

Puzzle 93

```
S X T W G S U S E P U C S G U
A C A H T S B H J A O R A L M
P V P G N F S R E G I T N O A
P R E C B U M U O B N S D B G
H A I K A Z S C I A A A C E A
P M G N M T Z E R B K Y A C H
R E B A C S K S N A I A S D A
Z N R L A E U I R G L W T E R
S I X I N R Q D N O A Z L N A
U C Q K Y E A R U U L N E T N
E P W A T T B L P V A L Q I G
H P B S Y N A M A L A P Q S I
I W D W O I S N A J W J P T N
A N N I V E R S A R Y D N A Y
```

NAKILALA	CUP
DENTISTA	HARANGIN
TAPE	ANNIVERSARY
GLOBE	CATKIN
LIKAS	UMAGA
CINEMA	BUMUO
PRINCE	INTERES
PAGBABAGO	PAG-AARAL
PALAMAN	SANDCASTLE
SAYAW	TIGER

Puzzle 94

```
T A L A H A N A Y A N Y H S I
K W G U X P F V K T L L A Y S
G P O O Z K K Q O R N Z M V I
T O M N A N U G U T A M O S P
H P I A D M G B Y H M R G Y I
E U T Y P E F O Y T Q K W Q N
O L V I C H R C O G S A K J F
G A H T L A E H A T I L A S I
R S T C W Y C A S T W U Z R S
A Y H Q O H N Y S C N G K H H
P O Q U F S A S W A G M A M I
I N N A N G Y A R I N W R E N
Y P R O Y E K T O F Q T S V G
A M R D U S P E L L G R A P H
```

SPELL	ISIPIN
TIMOG	PHEASANT
MATUGUNAN	CAT
SALITA	HEALTH
FISHING	WONDER
TIYAN	SHY
HEOGRAPIYA	TALAHANAYAN
POPULASYON	GRAPH
HAMOG	NANGYARI
PROYEKTO	ZOO

Puzzle 95

```
P  C  I  N  K  J  F  F  M  M  Z  A  S  M  F
D  A  A  N  G  L  N  R  W  Q  Q  N  B  N  N
G  L  V  P  S  P  Z  N  H  T  W  O  R  K  E
N  U  D  T  I  S  C  I  E  N  T  I  S  T  T
O  H  E  N  U  K  S  H  I  P  C  P  M  E  B
Y  A  D  I  L  O  H  P  A  S  Y  E  N  T  E
R  H  I  S  N  O  A  T  A  K  A  K  G  A  P
A  A  L  U  A  B  X  I  X  I  Y  X  X  B  T
N  M  S  K  U  Y  X  E  B  M  J  O  B  E  A
I  U  S  L  U  U  Q  P  F  I  Z  E  F  D  X
D  Z  D  A  B  C  V  A  P  H  O  P  T  F  D
R  O  X  Y  A  S  Z  N  I  A  K  G  A  P  D
O  B  P  D  K  R  T  S  E  T  N  A  S  I  G
P  A  G  P  A  P  A  D  A  L  A  E  G  C  U
```

KABUUAN	HOLIDAY
ORDINARYONG	KUNEHO
GISANTES	TAHIMIK
PAGKAKATAON	SUKLAY
BOOK	NET
SLIDE	DAANG
PAGKAIN	WORK
SCIENTIST	SHIP
DEBATE	LUHA
PASYENTE	PAGPAPADALA

Puzzle 96

```
Z Q S C M N A N A G I B I A K
B W A L L A B E S A B O H W D
W S R G K H S O G B R S Q A I
Q S I B L A T T L E B E W T B
M N W B U S A H E I H S H A I
X O A S Y U M H L R W T P K S
N H N F D K Q X Q E C H P A Y
O A G H E A I Z E T W E K K O
Y N I P K A T A W A N S I A N
A A N S S O S S P E Q I N N O
G P B T I S O Z Z W A S T D D
N K M M Z P T C Y S A R M A S
E P I N A K A M A H U S A Y O
T U B I G E C M U G W K Y S Z
```

ISKEDYUL
PINAKAMAHUSAY
BELT
PANAHON
SARIWANG
BOSES
TUBIG
ARMAS
DIBISYON
KAIBIGAN

THESIS
MASTER
BASEBALL
MUG
KATAWAN
NGAYON
NAISIP
AKUSAHAN
NAKAKATAWA
SWEATER

Puzzle 97

```
M D U H T H G N A P A T A M K
A R N B A H A G I R S R A C A
K E I S P V E X T G I I I K R
I S T P I I D V H N L C E A A
N S R E L P I T O O A K L L P
T B V L I A L E R Y N Q P A A
A Q K L X G S I L R G B A L T
B I D I B K A L B A A H G A D
U K I N J I C K F T N R H K A
F N L G M L D U L N X X I I P
T B E A N O O S P U R Y L H A
Z F W X Y S W P M L T R I A T
H W P E R P E K T O N G G N U
Z J H D S K Y A L B D Z K E Z
```

TRICK
PAGHILIG
MAKINTAB
KALALAKIHAN
BEAN
MATAPANG
DRESS
BOLUNTARYONG
ITO
KARAPATDAPAT

PERPEKTONG
UNIT
PAGKILOS
SPELLING
CAR
SILANGAN
BAHAGI
ILIPAT
CUP
SLIDE

Puzzle 98

```
L D K B I K T I M A N D P M E
T K Q R H X N C H K S I E A K
A P A T N A P U N G O T A K S
C V U V V U D C L P F C T A A
C F D I H J S Z N U A H X M K
C J H V Y L K U T S A R A I T
K T E A C H E R S A S I R T O
L U P R E T T I E R R O R R E
O N T R E P K X Z R E D A E L
L E E I J S U T R F W N I Z O
A V D T N Q O B I T U K E H E
E S K O O G I B A N P Z W S J
F I G U R E K H R O Y A L C O
K A R A H A S A N O Y T W L S
```

BIKTIMA
KUTSARA
PUWERSA
LEADER
EHEKUTIBO
FIGURE
TEACHER
ROYAL
APATNAPUNG
KARAHASAN

LOLA
ERROR
SOFA
MAKAMIT
PRETTIER
NABIGO
PEA
KUTING
DITCH
EKSAKTO

Puzzle 99

```
S C I E N T I S T L Y U W Z K
A W T O R I D A D K W R L T A
S E G U R I D A D A E N Q K H
S I T W A S Y O N N E A X V A
G A N S A W W I I Y E M E T L
S S I G N B B D H A U N A Y I
U Q E R C I U Q P N D A M H L
M T W Y G B K W L G A L U U I
U R W A F I A T O S N I F F P
L H P A R G S Y D N E A F B Q
P L I B O N G E W U D K E O I
O H E N U K D T O C X E I S A
T I C A E D K B O X A Q R W O
K M W D P G I R L Z L T A A Z
```

SUMULPOT   KANYANG
BUKAS   GANSA
KAILANMAN   SIGN
SNIFF   BIBIG
SEGURIDAD   DOLPHIN
LIBONG   GRAPH
KAHALILI   WONDER
WOOL   CAT
SITWASYON   KUNEHO
AWTORIDAD   SCIENTIST

Puzzle 100

```
S A N D H G G T D W U R N I F
W S S U N D A F G Z Q V C S L
P I T A G O Y R E T S I M T A
X R X L A Z A V N N U N P R T
B L O O P T L H I A T I L A S
A R V P O I G D F G F X H K V
T E S U E F A A A P Y U A T Z
E L I Z T R M S P U T B L U H
F A T P L P T X D N U F I R E
X S E P F W H Y X T A J G A D
I Y E J D A P A T A R S I I G
K O D E S I S Y O N R I N G E
J N M T P W I Y S M F D A I M
J S J Z K G P R Z M I R P P M
```

HEDGE
ISTRAKTURA
FLAT
SITE
POOL
RELASYON
DESISYON
DAPAT
PROPERTY
FINE

MAGLAYAG
MISTERYO
HALIGI
ITAGO
PAGTAAS
FUND
NAGPUNTA
MINSAN
BAT
SALITA

Puzzle 1

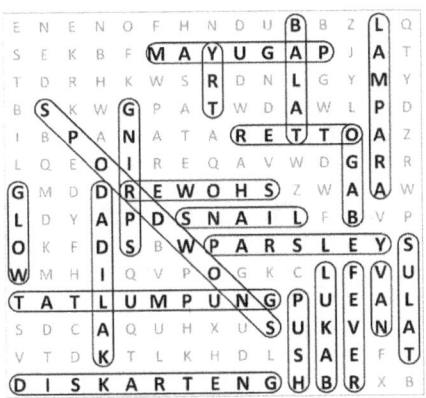

Puzzle 2

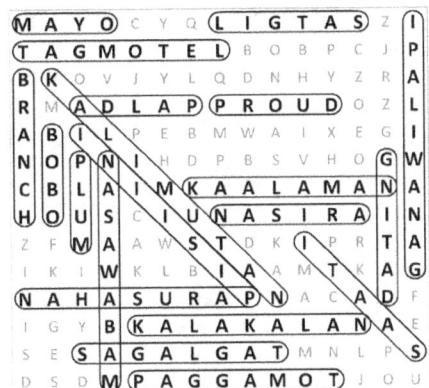

Puzzle 3

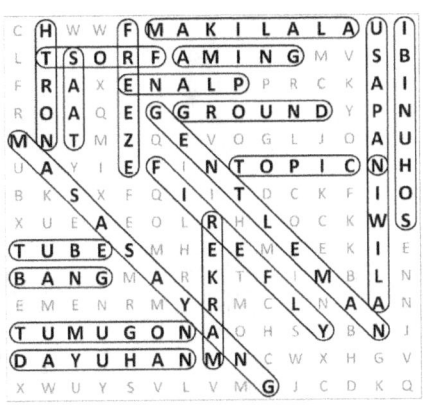

Puzzle 4

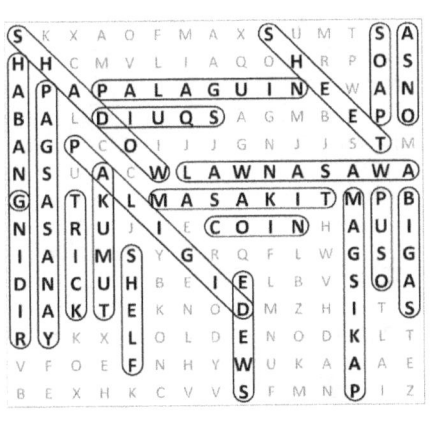

Puzzle 5

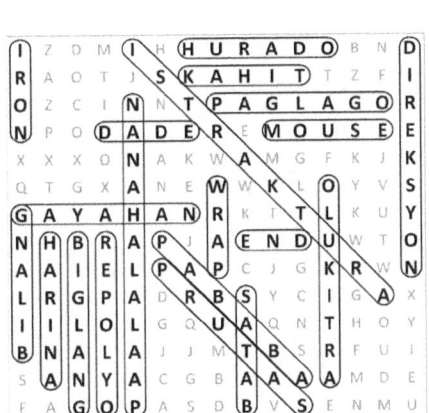

Puzzle 6

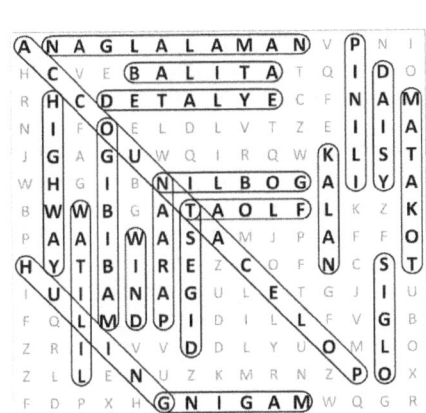

Puzzle 7

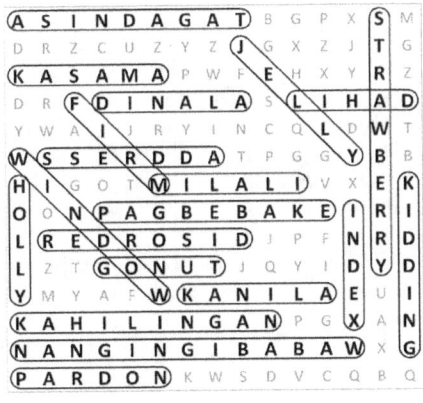

Puzzle 8

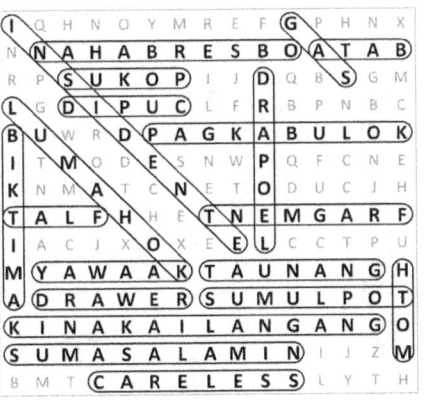

Puzzle 9

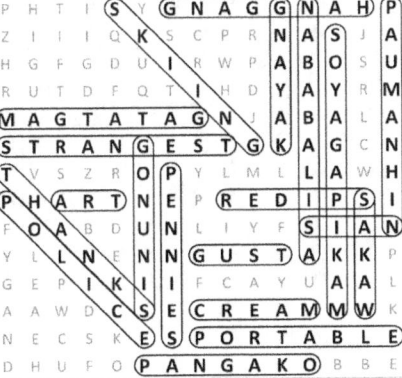

Puzzle 10

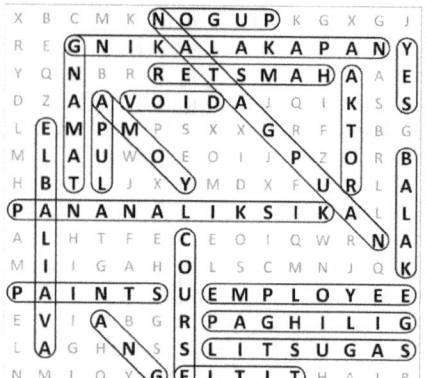

Puzzle 11

Puzzle 12

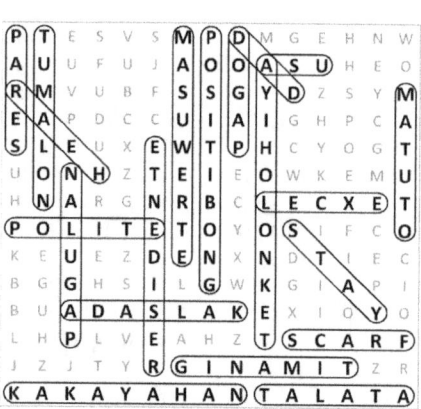

Puzzle 13

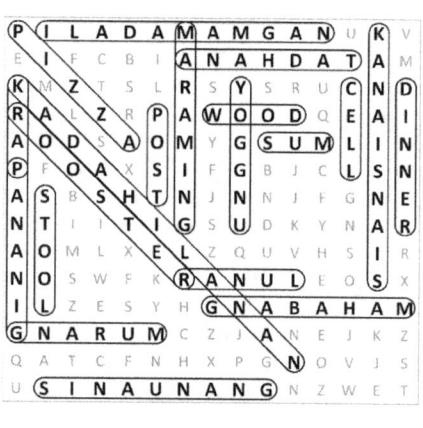

Puzzle 14

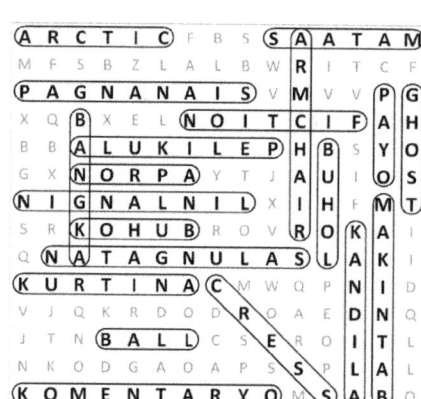

Puzzle 15

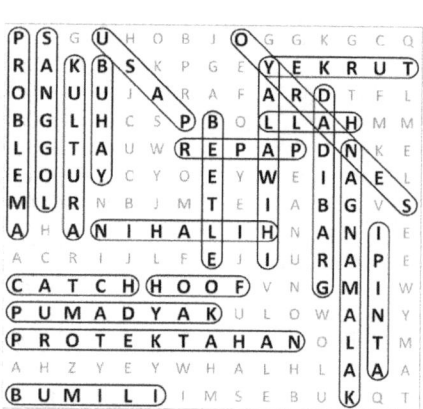

Puzzle 16

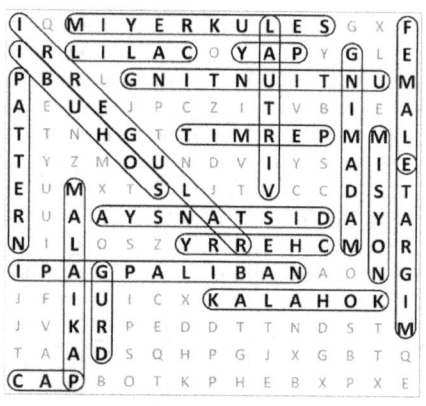

Puzzle 17

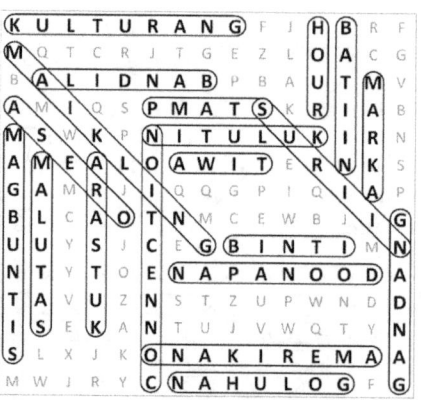

Puzzle 18

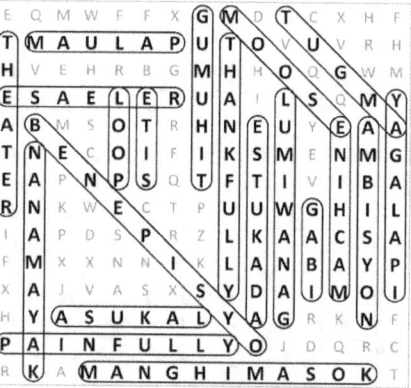

Puzzle 19

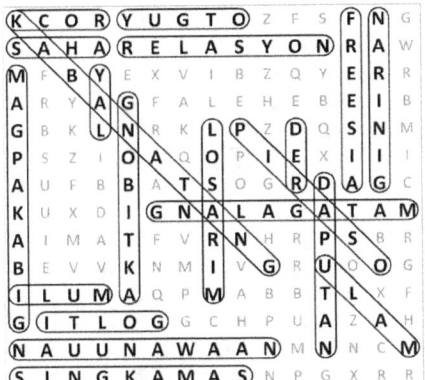

Puzzle 20

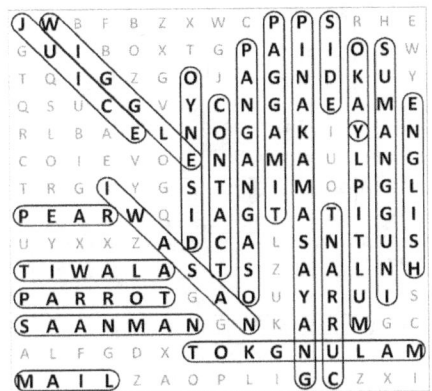

Puzzle 21

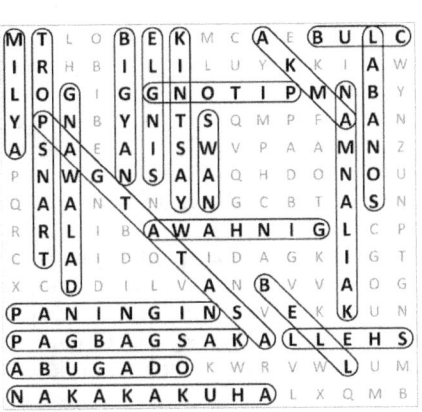

Puzzle 22

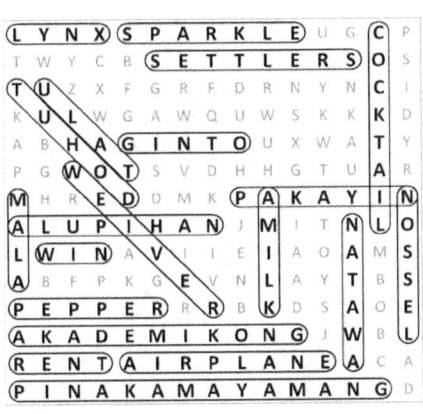

Puzzle 23

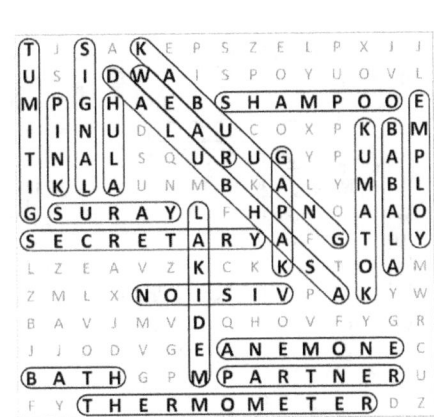

Puzzle 24

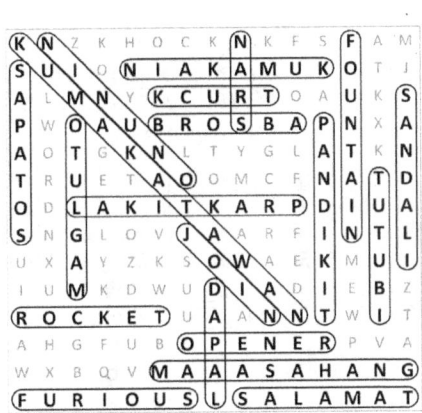

Puzzle 25

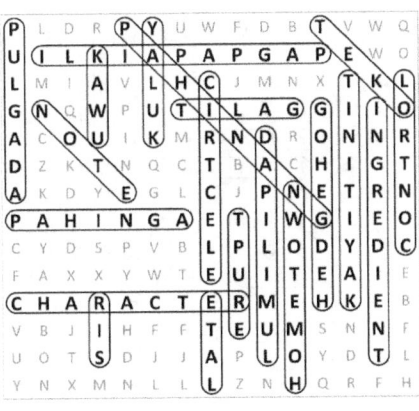

Puzzle 26

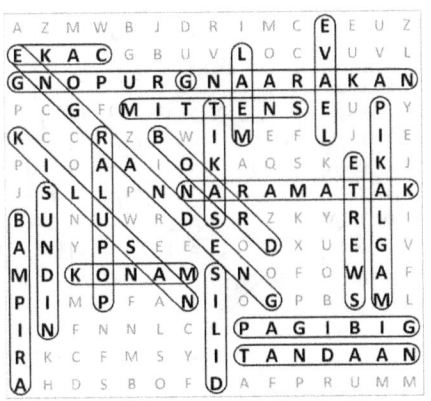

Puzzle 27

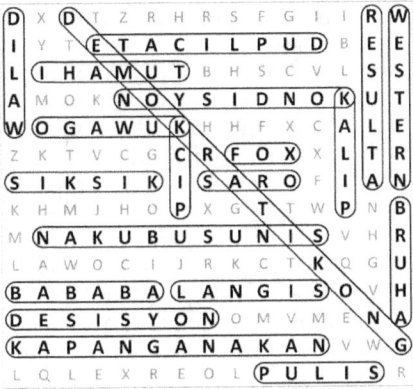

Puzzle 28

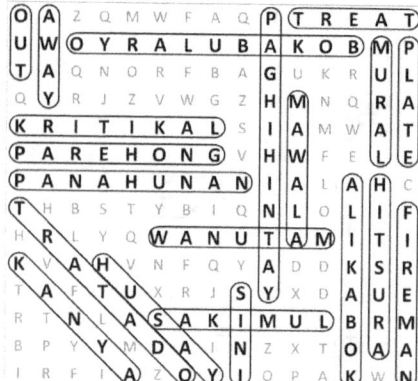

Puzzle 29

Puzzle 30

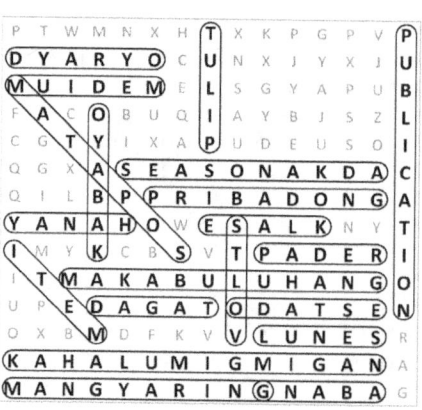

Puzzle 31

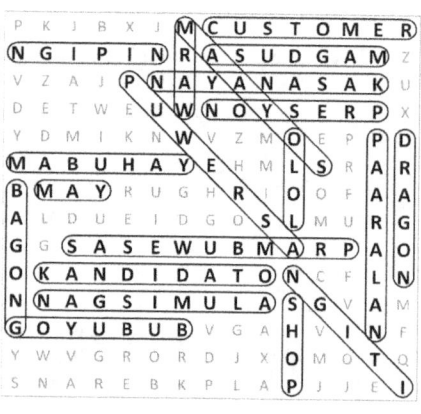

Puzzle 32

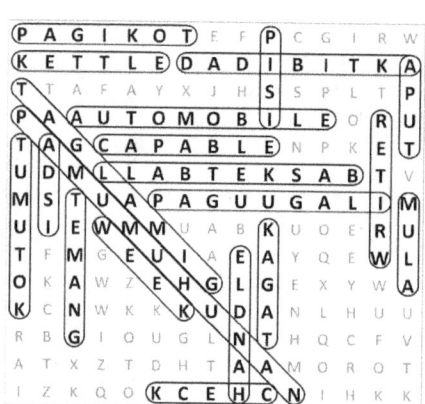

Puzzle 33

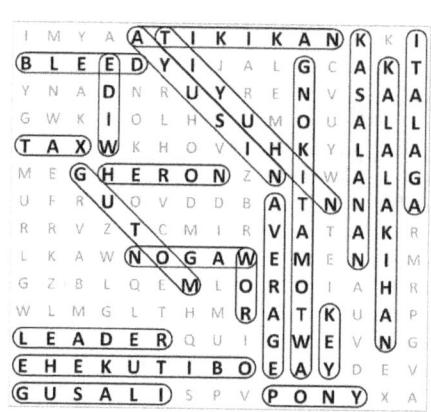

Puzzle 34

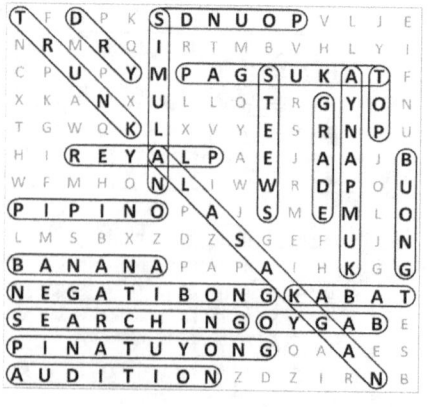

Puzzle 35

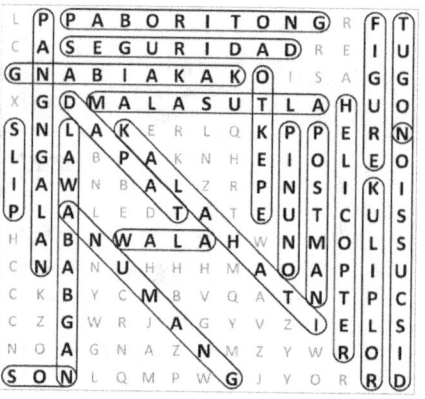

Puzzle 36

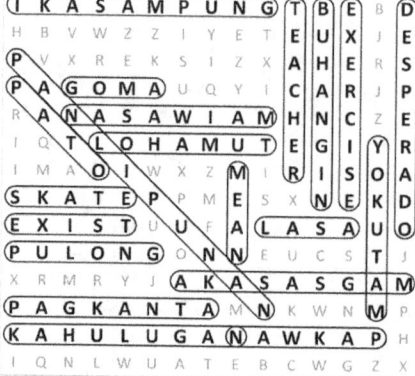

Puzzle 37

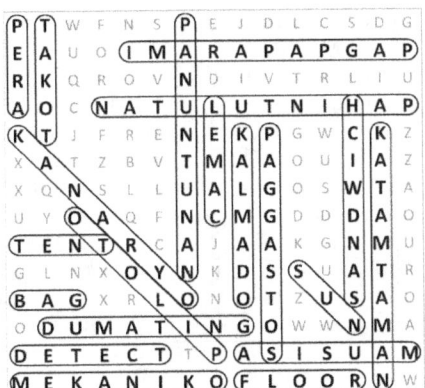

Puzzle 38

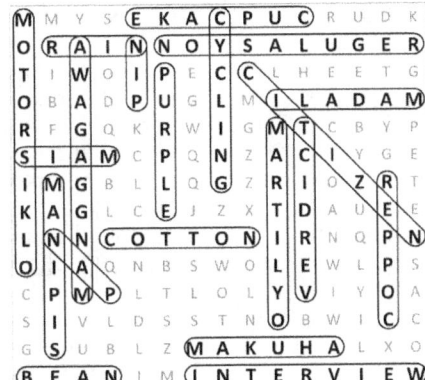

Puzzle 39

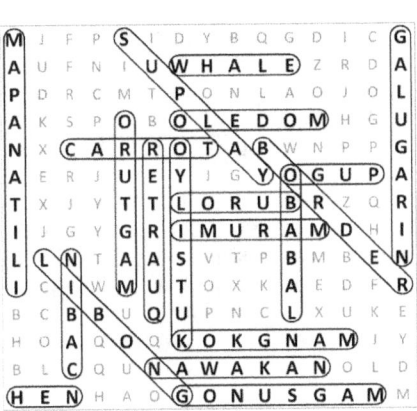

Puzzle 40

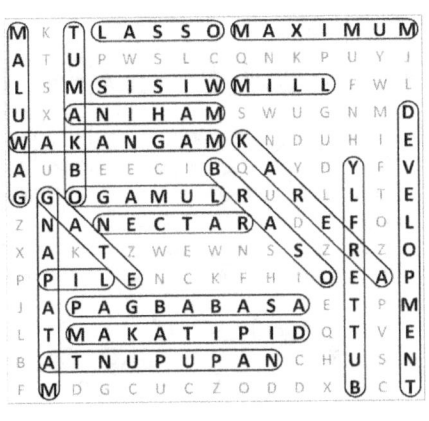

Puzzle 41

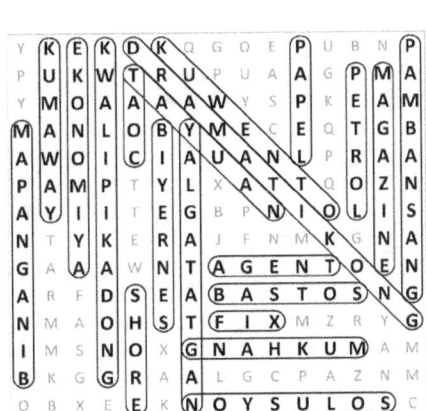

Puzzle 42

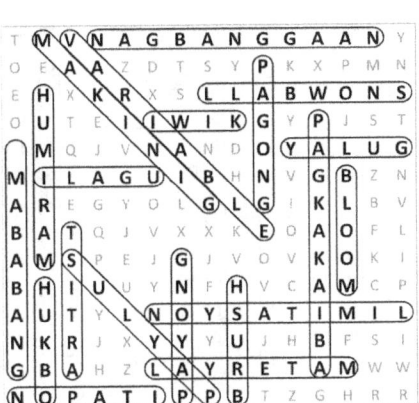

Puzzle 43

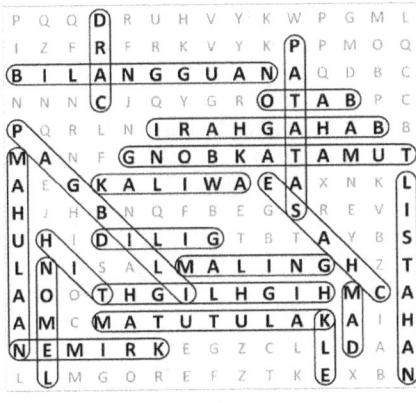

Puzzle 44

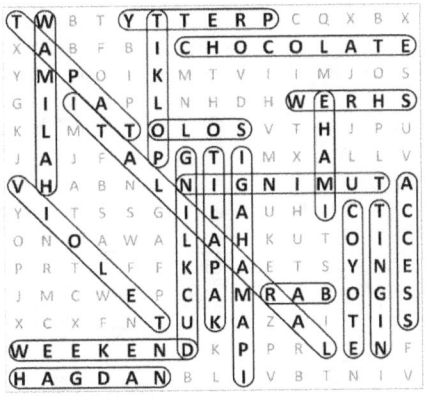

Puzzle 45

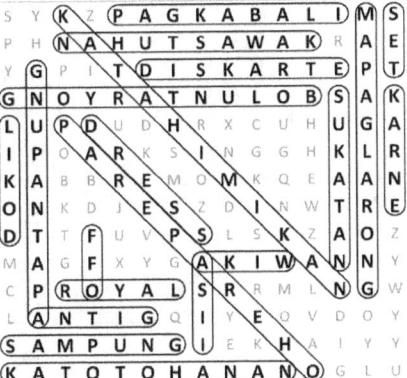

Puzzle 46

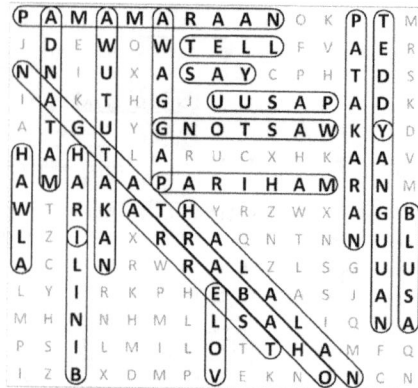

Puzzle 47

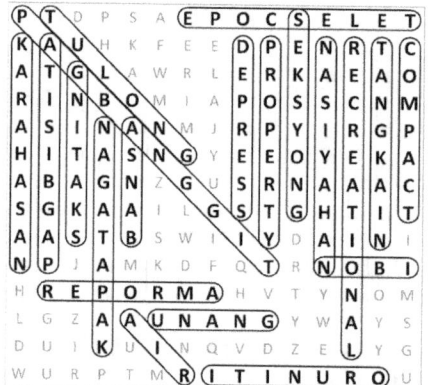

Puzzle 48

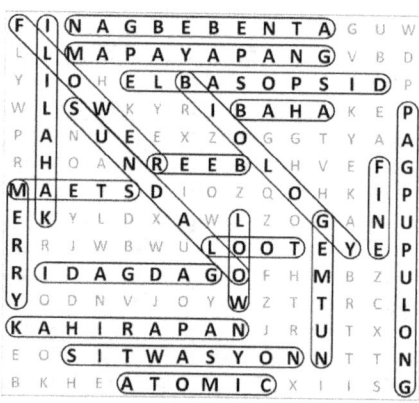

Puzzle 49

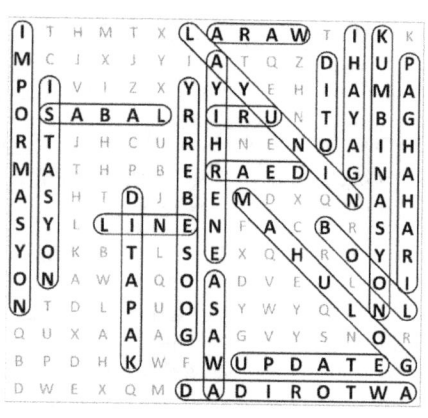

Puzzle 50

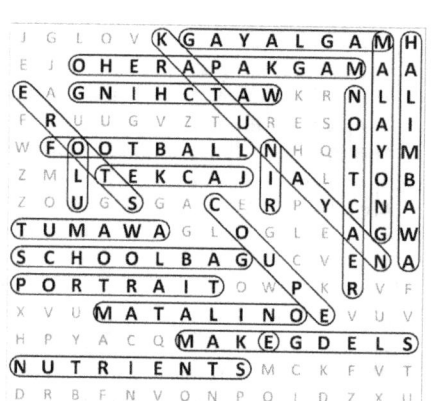

Puzzle 51

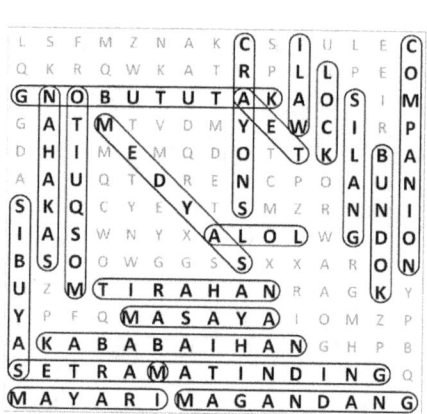

Puzzle 52

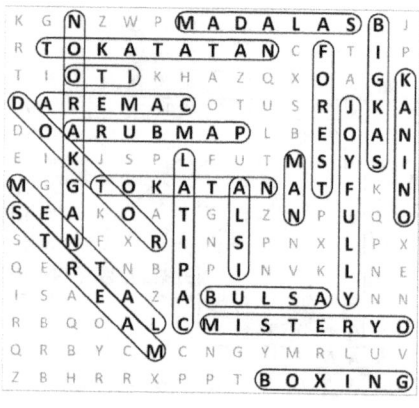

Puzzle 53

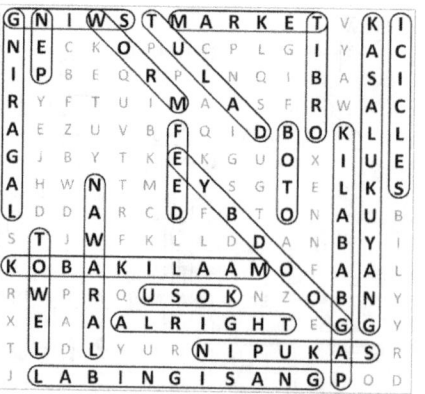

Puzzle 54

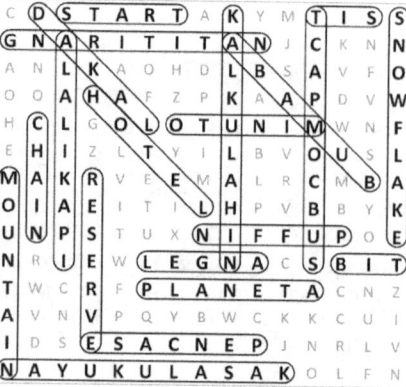

Puzzle 55

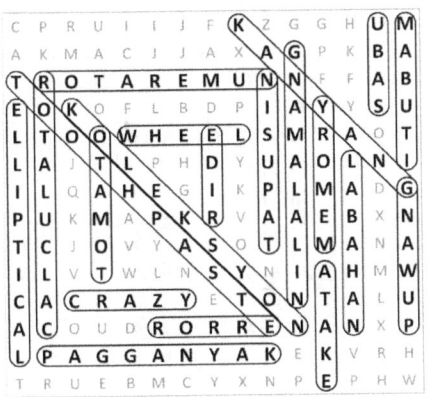

Puzzle 56

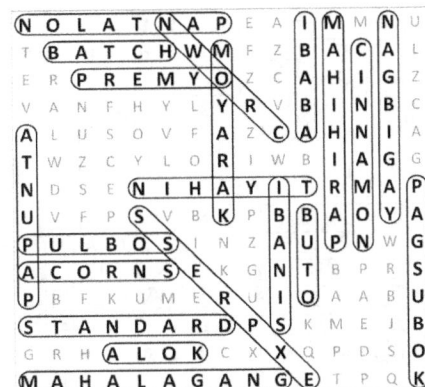

Puzzle 57

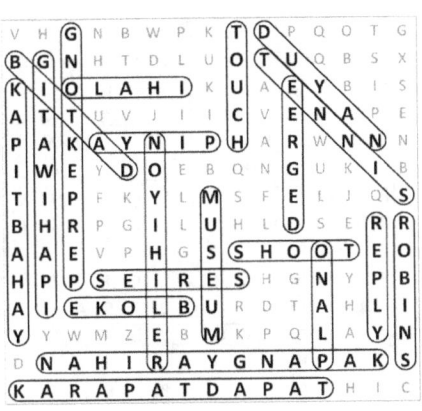

Puzzle 58

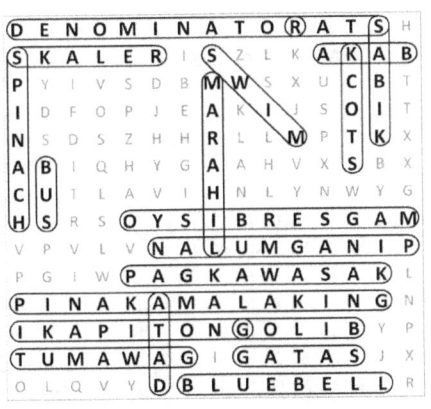

Puzzle 59

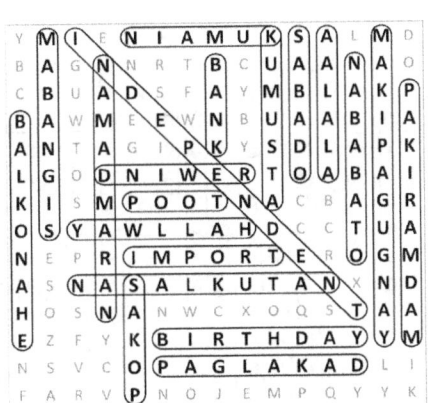

Puzzle 60

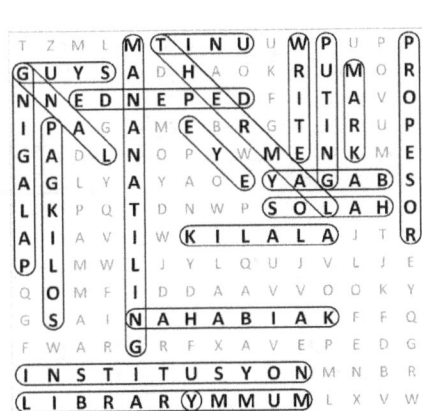

Puzzle 61

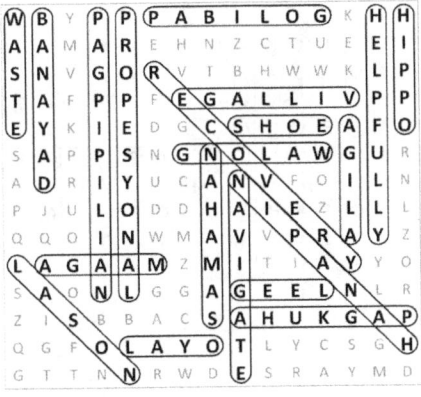

Puzzle 62

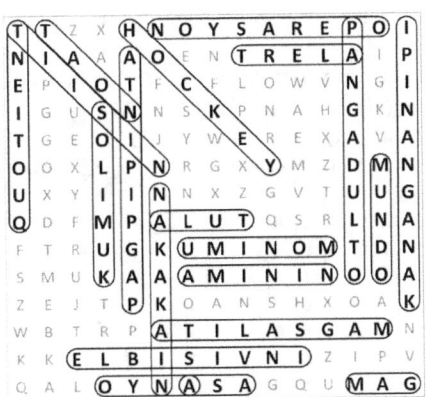

Puzzle 63

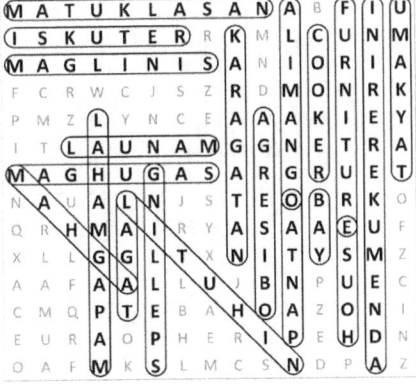

Puzzle 64

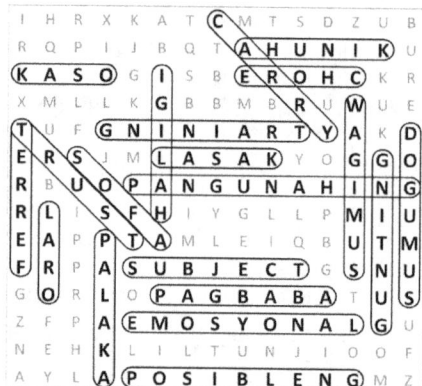

Puzzle 65

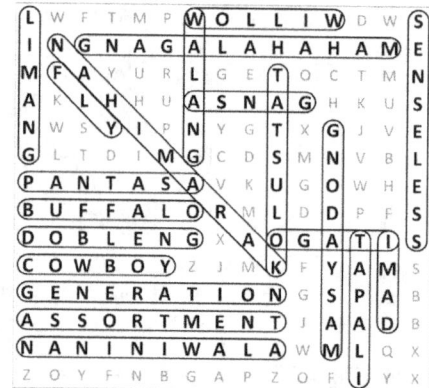

Puzzle 66

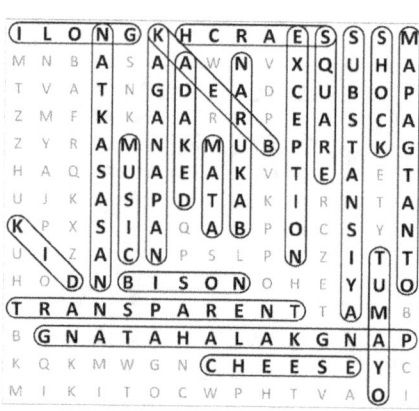

Puzzle 67

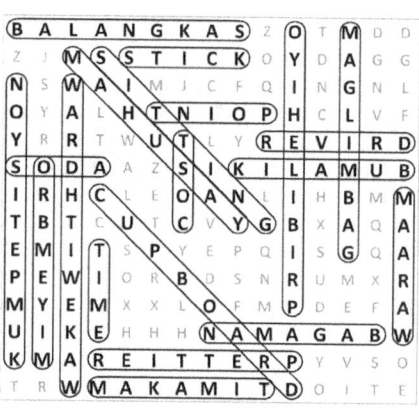

Puzzle 68

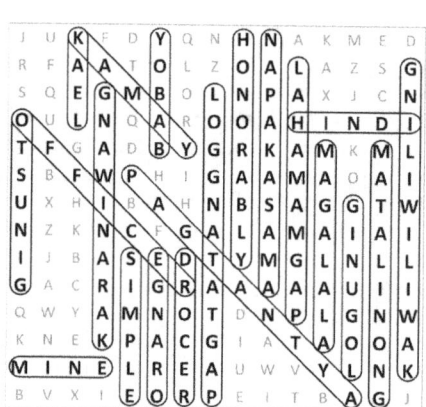

Puzzle 69

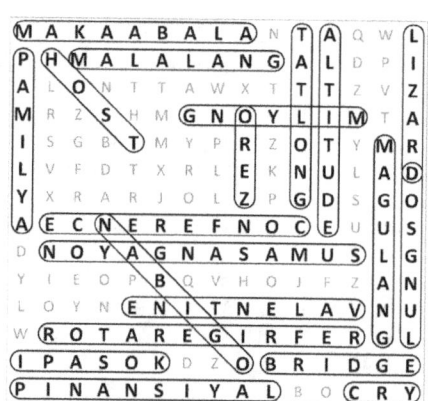

Puzzle 70

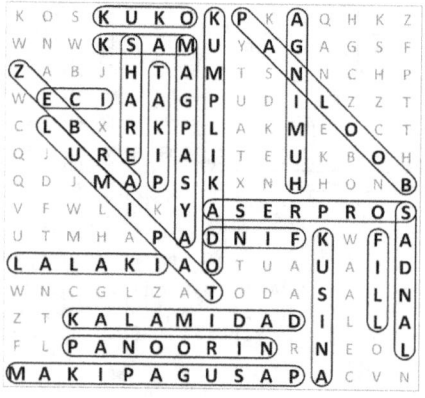

Puzzle 71

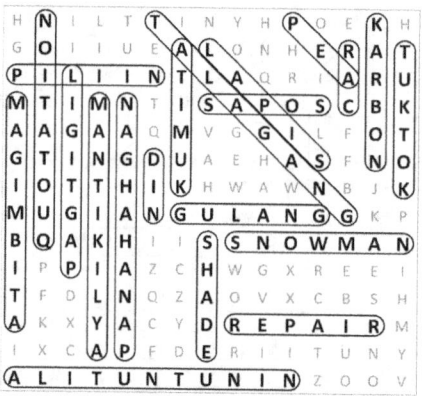

Puzzle 72

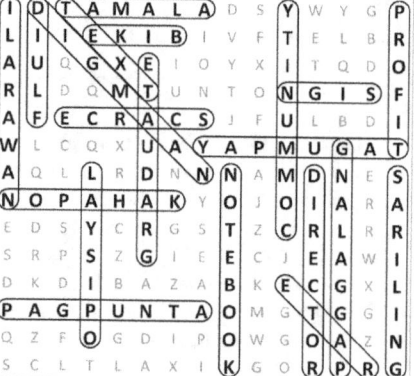

Puzzle 73

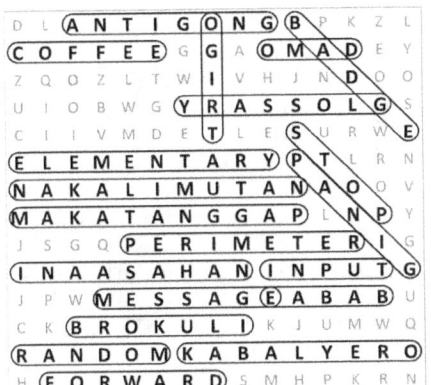

Puzzle 74

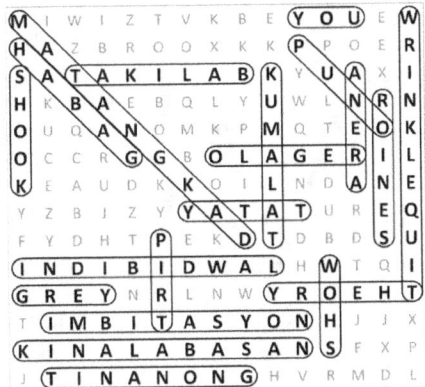

Puzzle 75

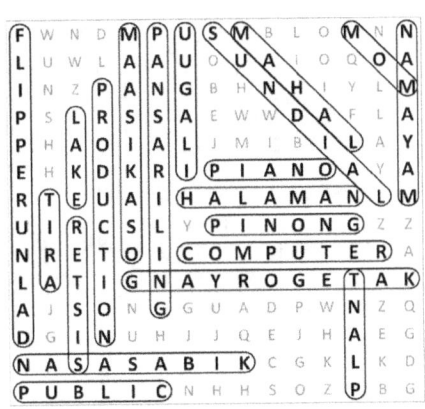

Puzzle 76

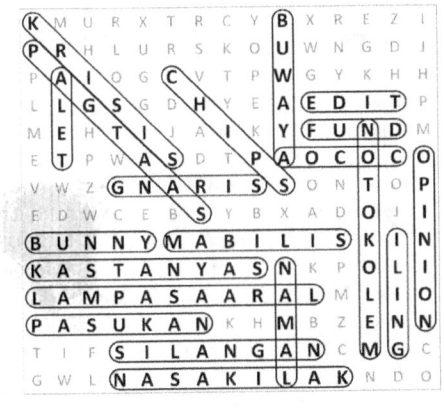

Puzzle 77

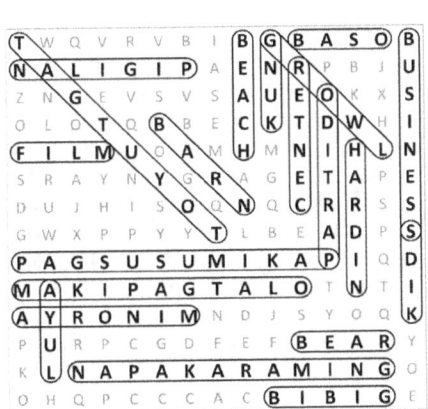

Puzzle 78

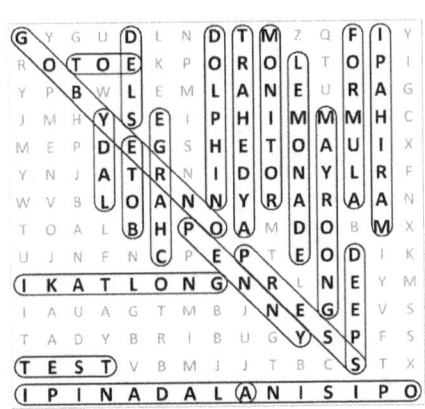

Puzzle 79

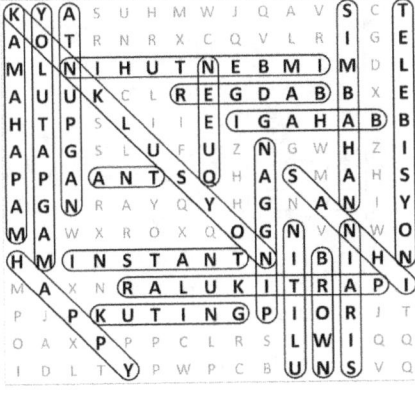

Puzzle 80

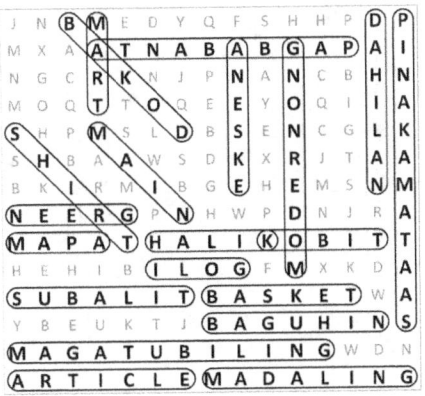

Puzzle 81

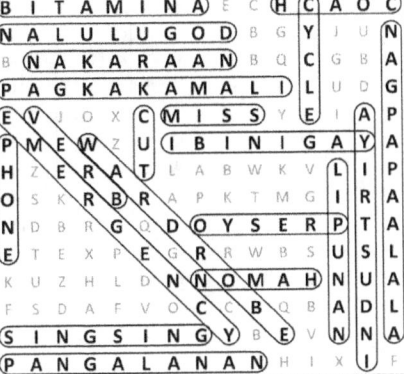

Puzzle 82

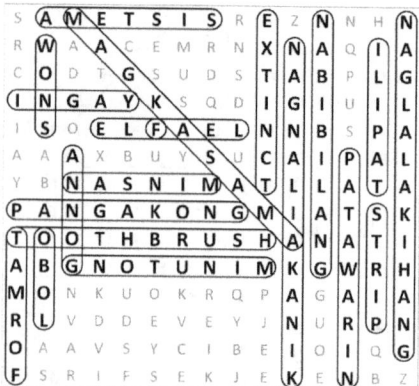

Puzzle 83

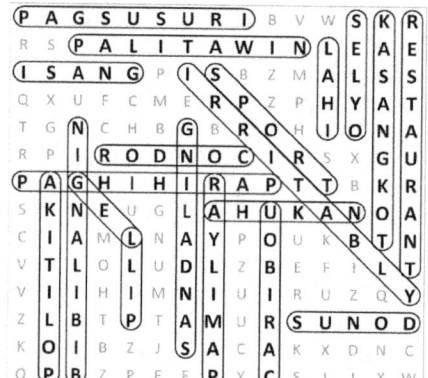

Puzzle 84

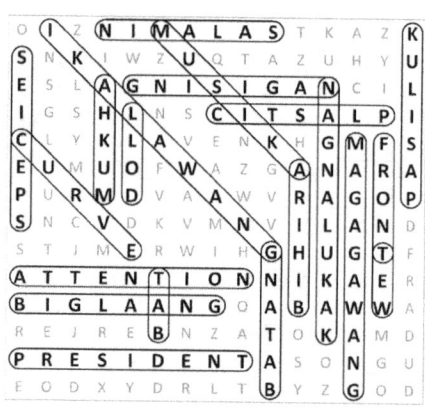

Puzzle 85

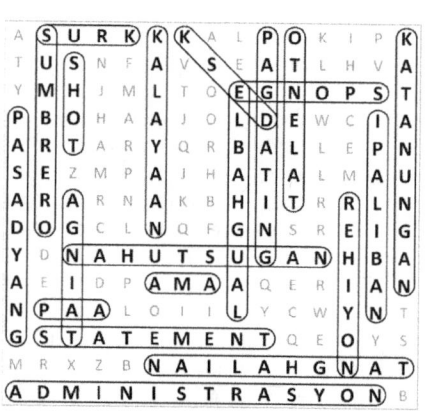

Puzzle 86

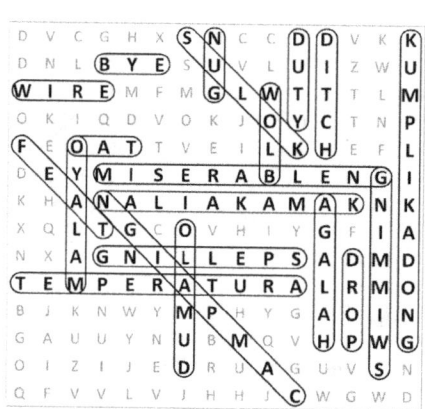

Puzzle 87

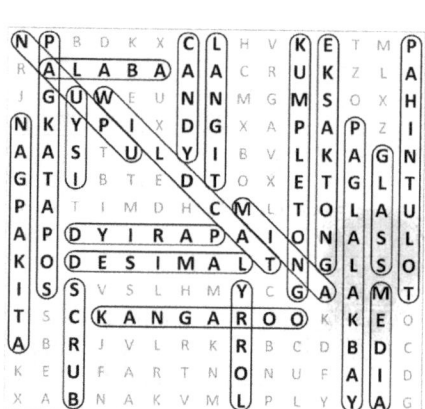

Puzzle 88

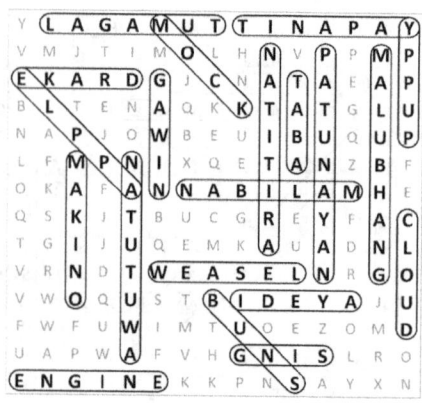

Puzzle 89

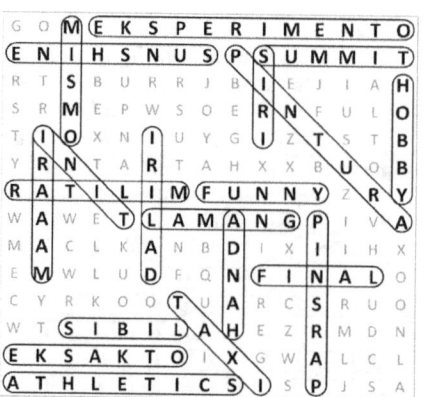

Puzzle 90

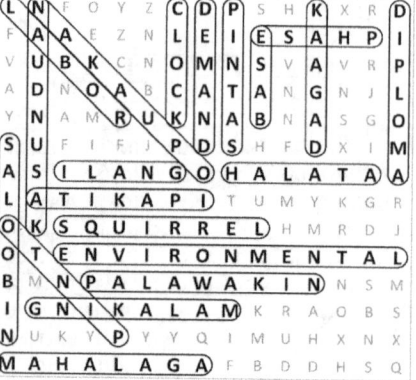

Puzzle 91

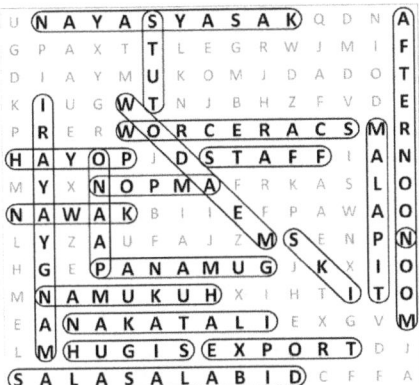

Puzzle 92

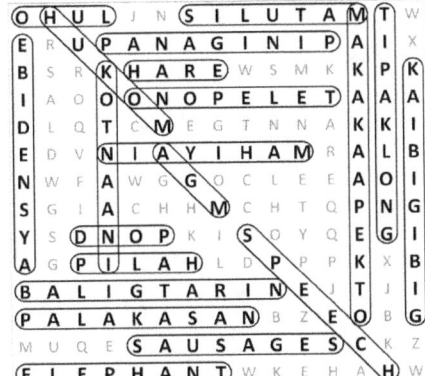

Puzzle 93

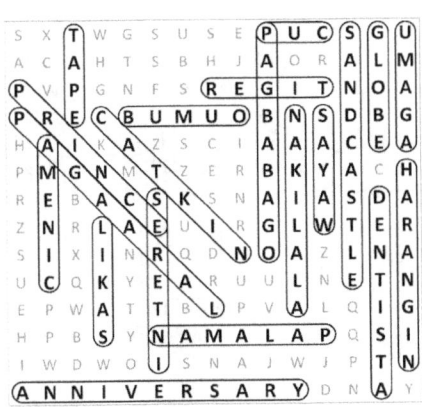

Puzzle 94

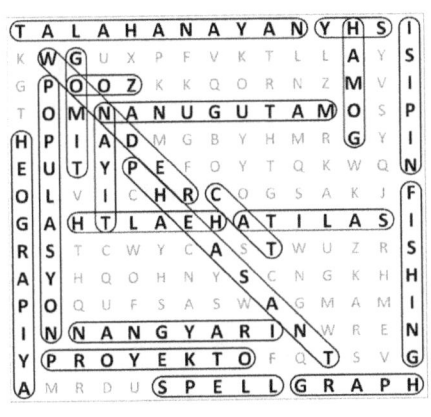

Puzzle 95

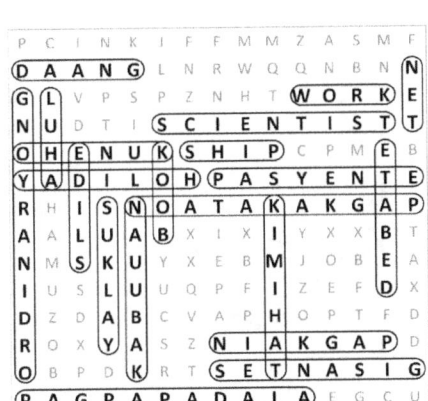

Puzzle 96

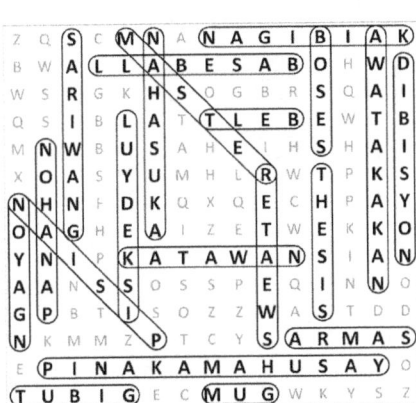

Puzzle 97

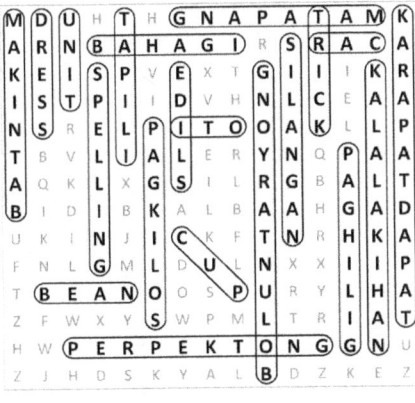

Puzzle 98

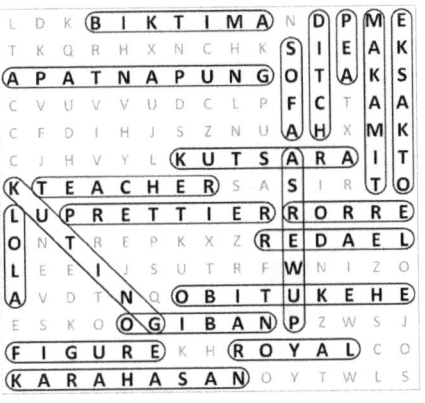

Puzzle 99

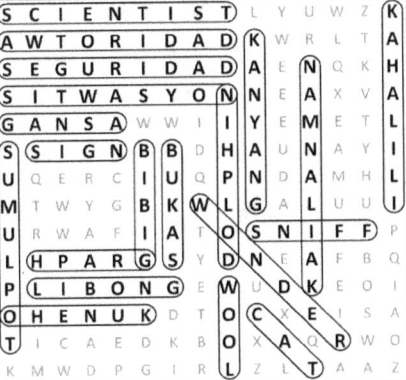

Puzzle 100

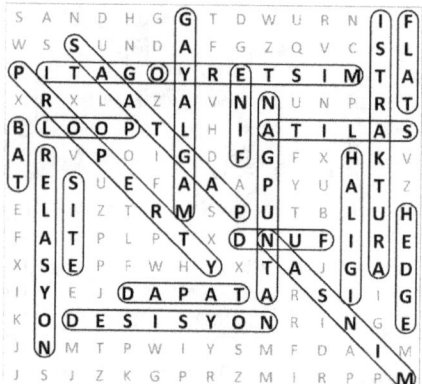

Congratulations

You made it!

We hope you enjoyed this book as much as we enjoyed making it. We do our best to make high quality games.

These puzzles are designed in a clever way to actively spark the brain and make it sharp and quick!
Did you love them?

A Simple Request

Our books exist thanks to the reviews you post on Amazon. Could you help us by leaving a review now?

Here is a short link which will take you to your Amazon orders review page.

BestBooksActivity.com/Review50

MONSTER CHALLENGE!

Challenge #1

Ready for Your Bonus Game? We use them all the time but they are not so easy to find. Here are **Synonyms**!

Note 5 words you discovered in each of the Puzzles noted below (#21, #36, #76) and try to find 2 synonyms for each word.

Note 5 Words from *Puzzle 21*

Words	Synonym 1	Synonym 2

Note 5 Words from *Puzzle 36*

Words	Synonym 1	Synonym 2

Note 5 Words from *Puzzle 76*

Words	Synonym 1	Synonym 2

Challenge #2

Now that you are warmed-up, note 5 words you discovered in each Puzzle noted below (#9, #17, #25) and try to find 2 antonyms for each word.
How many lines can you do in 20 minutes?

Note 5 Words from **Puzzle 9**

Words	Antonym 1	Antonym 2

Note 5 Words from **Puzzle 17**

Words	Antonym 1	Antonym 2

Note 5 Words from **Puzzle 25**

Words	Antonym 1	Antonym 2

Challenge #3

Wonderful, this monster  challenge is nothing to you!

Ready for the last one? Choose your 10 favorite words discovered in any of the Puzzles and note them below.

1.	6.
2.	7.
3.	8.
4.	9.
5.	10.

Now, using these words and within a maximum of six sentences, your challenge is to compose a text about a person, animal or place that you love!

Tip: You can use the last blank page of this book as a draft!

Your Writing:

Explore a Unique Store
Set Up **FOR YOU!**

BestActivityBooks.com/**TheStore**

Designed for **Entertainment**!

Light Up Your Brain With Unique **Gift Ideas**.

Access **Surprising** And **Essential Supplies!**

CHECK OUT OUR MONTHLY SELECTION NOW!

- Expertly Crafted Products -

NOTEBOOK:

SEE YOU SOON!

Delta Classics Team